改訂版

テスト前に まとめるノート 中学国語

文法・古典

Japanese

Gakken

この本を使うみなさんへ

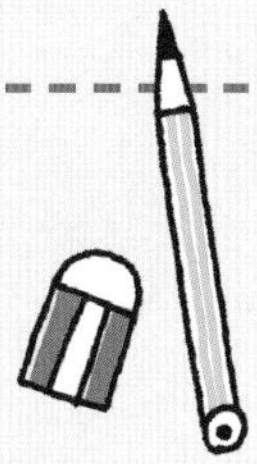

勉強以外にも，部活や習い事で忙しい毎日を過ごす中学生のみなさんを，少しでもサポートできたらと考え，この「テスト前にまとめるノート」は構成されています。

この本の目的は，大きく２つあります。

１つ目は，みなさんが**効率よくテスト勉強ができるようにサポートし，テストの点数をアップさせること**です。

そのために，まずは定期テストに出やすい要点を埋めたり，教科書に出てきた単語や作品の内容をまとめたりして，文法・古典の重要事項《じこう》を定着させていきます。また，確認テストの問題を解くことで，得意なところ・苦手なところの確認ができます。

２つ目は，毎日の授業やテスト前など，日常的にノートを書くことが多いみなさんに，**「ノートをわかりやすくまとめられる力」を身につけてもらうこと**です。

ノートをまとめる時，次のような悩みを持ったことがありませんか？

- ☑ ノートを書くのが苦手だ
- ☑ 自分のノートはなんとなくごちゃごちゃして見える
- ☑ テスト前にまとめノートをつくるが，時間がかかって大変
- ☑ 最初は気合を入れて書き始めるが，途中で力つきる

この本は，中学国語で習う文法・古典の内容を，みなさんにおすすめしたい「きれいでわかりやすいノート」にまとめたものです。この本を自分で作るまとめノートの代わりにしたり，自分のノートをとる時にいかせるポイントをマネしたりしてみてください。

今，勉強を頑張ることは，現在の成績や進学はもちろん，高校生や大学生，大人になってからの自分を，きっと助けてくれます。この本を使うことで，**みなさんの未来の可能性が広がっていくこと**を願っています。

学研プラス

もくじ

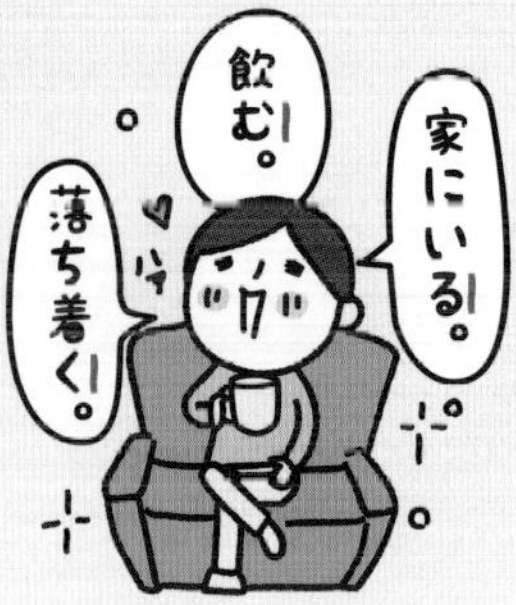

家にいる。
飲む。
落ち着く！

この水たまりは大きい。
ここに水たまりがある。

古典編

第1章 古文

第2章 漢文

1 定期テスト前にまとめる

まずは ノートをつくる

・教科書を見たり，授業を思い出したりしながら，空欄になっている＿＿＿に，用語・要点や訳を書き込みましょう。

・時間がない時は，別冊解答を見ながら空欄を埋めましょう。大事なことだけに注目できて，覚えやすくなります。

次に ノートを読む

自分で整理した教科書の用語・要点や訳，間違えた問題に注目しながら定期テストでねらわれるポイントを確認しましょう。

最後に 「確認テスト」を解く

定期テストに出やすい内容をしっかり押さえられます。

2 予習にもぴったり

授業の前日などに，この本で流れを追っておくのがおすすめです。教科書を全部読むのは大変ですが，このノートをさっと読んでいくだけで，授業の理解がぐっと深まります。

3 復習にも使える

学校の授業で習ったことをおさらいしながら，ノートの空欄を埋めていきましょう。先生が強調していたことを思い出したら，色ペンなどで目立つようにしてみてもいいでしょう。

また先生の話で印象に残ったことを，このノートのあいているところに，追加で書き込んだりして，自分なりにアレンジすることもおすすめです。

Point!

オレンジペンやピンクペンで書きこむと，付属の赤フィルターで消えやすい。暗記ノートとして，覚えるまでくりかえしチェックできるよ。

➜ 次のページからは，ノート作りのコツについて紹介していますので，合わせて読んでみましょう。

この本の使い方

この本の，具体的な活用方法を紹介します。

文法編

例文を見て、具体的に理解しましょう。

空欄に書きこんでみましょう。

古典編

作者・成立・内容・読解ポイントなどをまとめましょう。

現代仮名遣いに直しましょう。

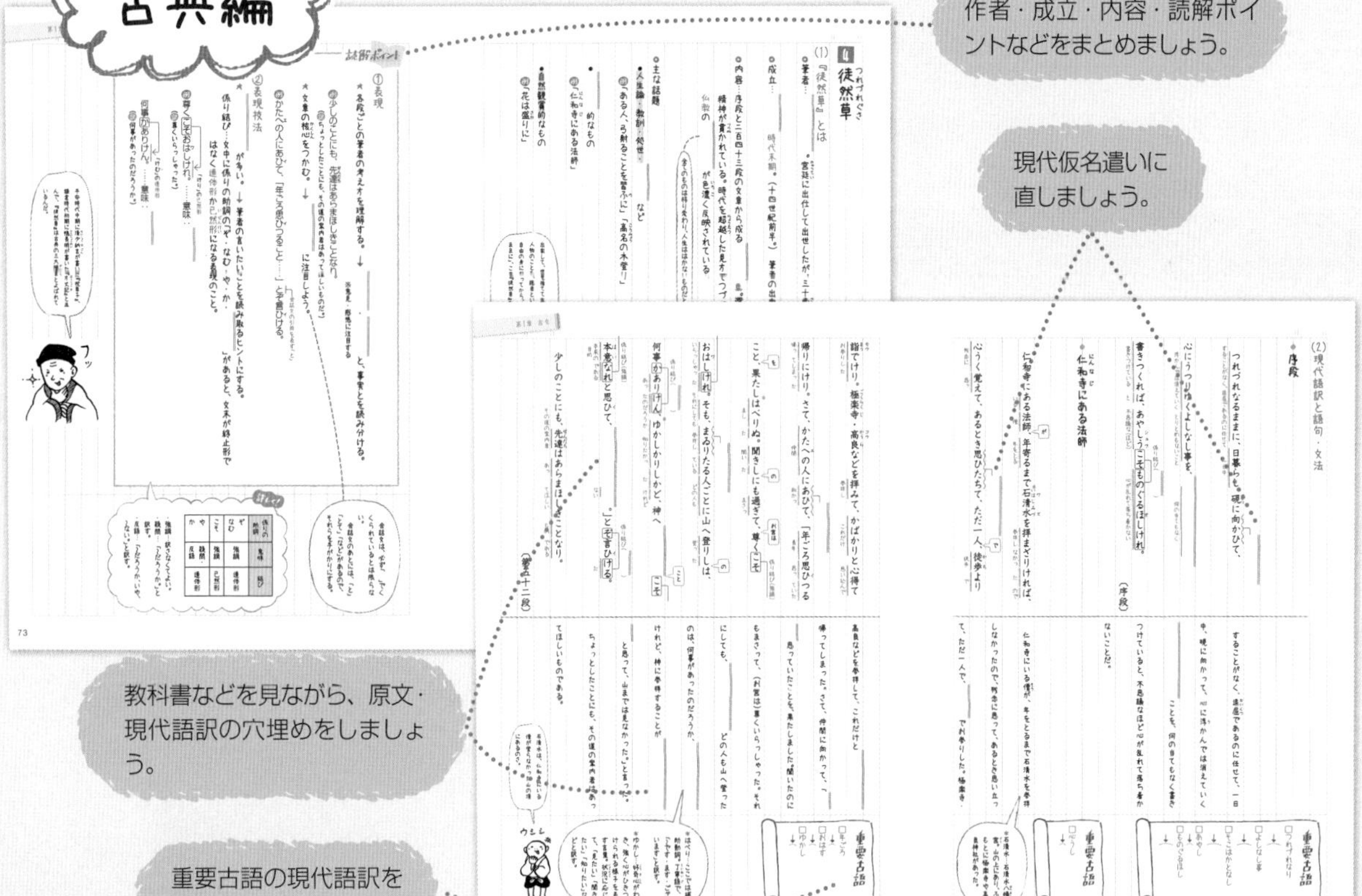

教科書などを見ながら、原文・現代語訳の穴埋めをしましょう。

重要古語の現代語訳を書きましょう。

コツ 2 空間をあけて書く

Point
「多いかな？」と思うくらい，余裕を持っておく。

ノートの下から4～5cmに区切り線を引きます。教科書の内容は上側（広いほう）に，その他の役立つ情報は下側（狭いほう）に，情報を分けるとまとめやすくなります。

・補足情報は下側へ。
・授業中の先生の話で印象に残ったことや，古文の単語など自分で書きとめておきたい情報もどんどん書き込みましょう。

また，文章はなるべく短めに，わかりやすく書きましょう。途中の接続詞などもなるべく省いて，「→」でつないでいくなどすると，すっきりでき，また流れも頭に入っていきます。

行と行の間を，なるべく空けておくのもポイントです。後で自分が読み返す時にとても見やすく，わかりやすく感じられます。追加で書き込みたい情報があった時にも，ごちゃごちゃせずに，いつでも付け足せます。

コツ 3 イメージを活用する

Point
時間をかけず，手描きとコピーを使い分けよう。

自分の頭の中で描いたイメージを，簡単に図やイラスト化してみると，記憶に残ります。この本でも，簡単に描けて，頭に残るイラストを多数入れています。とにかく簡単なものでＯＫ。時間がかかると，絵を描いて終わってしまうので注意。

また，教科書の本文などは，そのままコピーして貼るほうが効率的。ノートに貼って，そこから読み取れることを追加で書き加えたりすると，教科書よりわかりやすい，自分だけのオリジナル参考書になっていきます。

その他のコツ

❶レイアウトを整える…
段落ごと，また階層を意識して，**頭の文字を１字ずつずらして書く**と，見やすくなります。また，**見出しは１周り大きめに**，もしくは**傍線を引いたり**すると，メリハリがついてきれいに見えます。

❷インデックスをつける…
ノートはなるべく**2ページ単位でまとめ**，またその時**インデックスをつけておく**と，後で見直しやすいです。教科書の単元や項目と合わせておくと，テスト勉強がさらに効率よくできます。

❸かわいい表紙で，持っていてうれしいノートに！…
表紙の文字をカラフルにしたり，絵を描いたり，シールを貼ったりと，**表紙をかわいくアレンジ**するのも楽しいです。

きれい！　見やすい！　頭に入る！

ノート作りのコツ

普段ノートを書く時に知っておくと役立つ，「ノート作りのコツ」を紹介します。どれも簡単にできるので，気に入ったものは自分のノートに取り入れてみてくださいね！

コツ1　色を上手に取り入れる

Point!
最初に色のルールを決める。

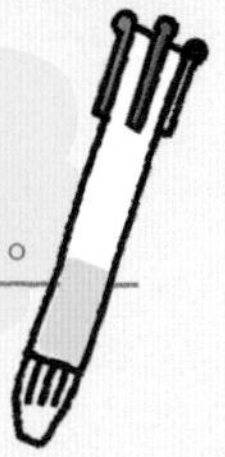

シンプル派→3色くらい

例）基本色→**黒**
重要用語→**赤**
強調したい文章→**蛍光ペン**

カラフル派→5～7色くらい

例）基本色→**黒**
重要用語→**オレンジ**（赤フィルターで消える色＝暗記用），**赤**，**青**
人名は青，地名は緑，その他は赤など，種類で分けてもOK！
強調したい文章→**黄色の蛍光ペン**
囲みや背景などに→**その他の蛍光ペン**

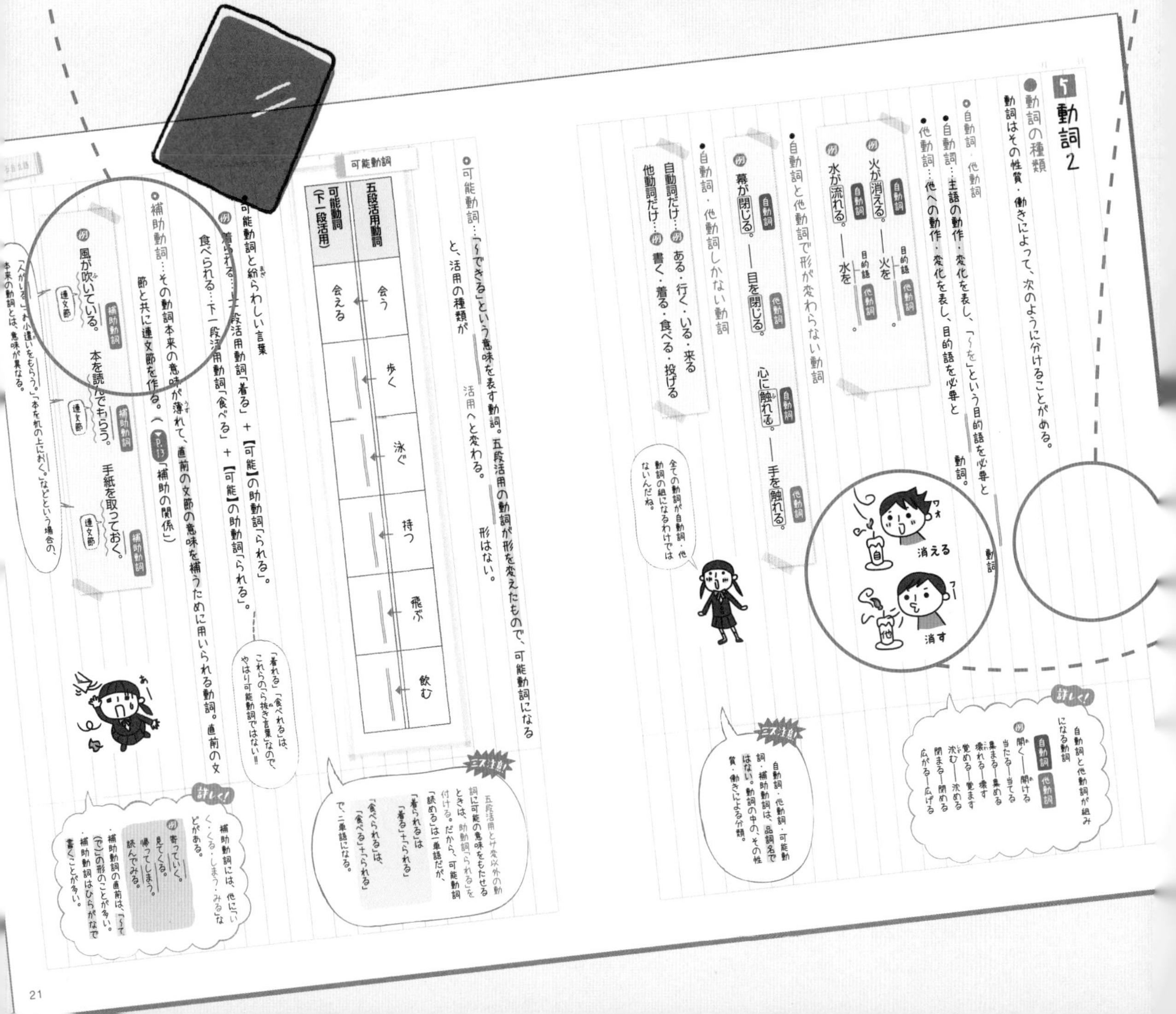

1 言葉の単位・文の組み立て

(1) 言葉の単位

◎言葉の単位…大きい順に、文章→（　　）→文→（　　）→単語

●文章…たいていは複数の（　　）からできていて、ひとまとまりの内容を表す。

●段落…文章中の内容上のひとまとまり。段落ごとに改行する。初めは（　　）字下げる。

●文…ある内容を表すひと続きの言葉。最後に「。」（　　）や「？」「！」などが付く。

●文節…文を、発音や意味が不自然にならない程度に、短く区切ったまとまり。

例　文節　朝礼は（ね）　八時半から（さ）　始まります（よ）。

区切り目に「ね・さ・よ」を入れられる。

●単語…言葉の最小単位。（　　）をさらに細かく分けたもの。

例　単語　朝礼｜は｜八時半｜から｜始まり｜ます。
　　文節　朝礼は｜八時半から｜始まります。

文節をさらに分解。

ミス注意！

「歩いている」や「書くこと」は、「歩いてね／いるよ」「書くね／ことがさ」といえるので、二文節。

言葉の単位

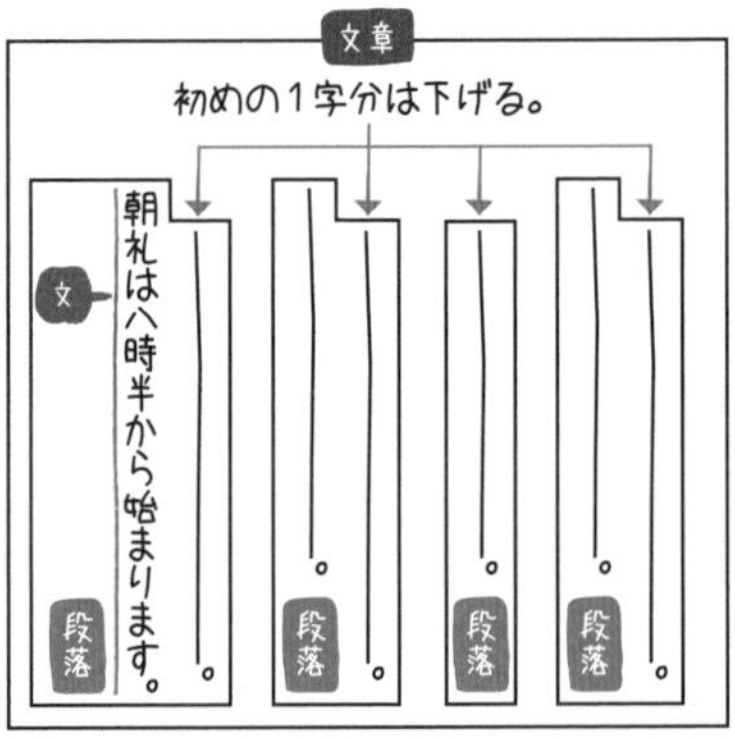

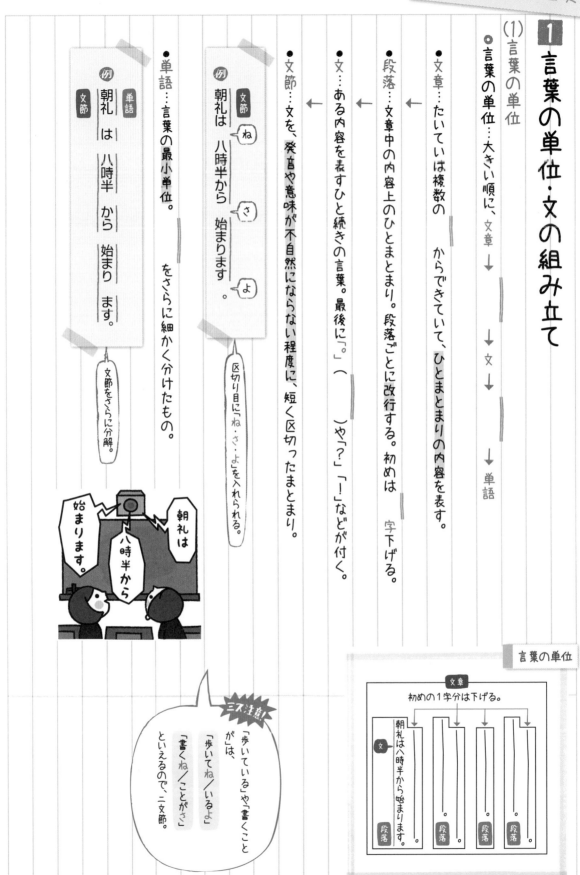

月　日

(2) 文の組み立て（文節どうしの関係）

一つの文は、文節どうしが互《たが》いに次のような関係で結びついて、できている。

● 主・述の関係…（　　）語（「誰《だれ》が」「何が」）と、（　　）語（「どうする」など）との関係。

例 鳥が　飛ぶ。
主語　述語
主・述の関係

文の基本的な骨組み。

※主語が省略された文もある！

● 修飾《しゅうしょく》・被《ひ》修飾の関係…他の文節を詳《くわ》しく説明する文節（　　語）と、詳しく説明される文節（　　語）との関係。

例 白い　鳥が　空を　飛ぶ。
修飾語　被修飾語　修飾語　被修飾語
修飾・被修飾の関係　修飾・被修飾の関係

どんな鳥が、どこを飛んでいるかを詳しくしている。

● 接続の関係…文と文、文節と文節をつなぐ（　　）語と、そのあとに続く文節との関係。

例 眠《ねむ》かった。でも、起きた。
接続語
眠いので、起きなかった。
接続語

前後の関係（逆接や順接など）を表す。

● 独立の関係…（　　）語と他の文節との関係。

例 ああ、眠い。　はい、起きます。
独立語　独立語

文節どうしの係り受けの関係がない。

コラ
はい、
起きます。
ガバッ

長〜い一文も、文節どうしがいろいろな関係で結びついて、できている。
のび〜

詳しく！

修飾語には、「連体修飾語」と「連用修飾語」とがある。

①連体修飾語　体言（名詞）を含《ふく》む文節を修飾する。

②連用修飾語　用言（動詞・形容詞・形容動詞）を含む文節を修飾する。

白い　鳥が　空を　飛ぶ。
連体修飾語（白い→鳥が）　連用修飾語（空を→飛ぶ。）
名詞　動詞

2 文の成分・連文節

(1) 文の成分

●文の成分…＿＿＿…一つの文を構成するときの、ある役割をもったまとまり。＿＿＿が基本の単位。「文節どうしの関係」▶P.11とも関連する。

●文の成分は、五つ

●主語…文中で、「＿＿＿が」「何が」にあたる文節。

●述語…文中で「どうする」「どんなだ」「＿＿＿」「ある・いる・ない」にあたる文節。

原則として述語は文末にくる。

例
- 犬が（主語）　＿＿＿。（述語）「どうする」
- 犬は（主語）　＿＿＿。（述語）「どんなだ」
- 犬も（主語）　動物だ。（述語）「何だ」
- 犬だけ（主語）　いる。（述語）「いる」

●＿＿＿語…あとの文節の内容を詳《くわ》しく説明する文節。

例
- 小さい（修飾語《しゅうしょくご》）「どんな」　犬が　走る。
- 犬は　＿＿＿（修飾語）「どのくらい」　かわいい。

●接続語…文と文、文節と文節を＿＿＿働きをする文節。

例
- 夕方に　なった。＿＿＿（接続語）「順接」、帰った。
- 苦しかったが、（接続語）「逆接」　走り通した。

ミス注意!

主語の形は、「〜が」「〜は」だけではない。「〜も」「〜だけ」や、
・夢こそ（主語）　大切だ。
・君だって（主語）　できる。
などの形もある。

詳しく!

修飾語は、
・あとのどの文節を詳しくしているのか
・何を詳しくしているのか
を考えながら見つける。
・連体修飾語…「どんな」「何の(誰《だれ》の)」など。
・連用修飾語…「どのくらい」「どのように」「いつ」「どこに(で)」「誰と」「何を」など。

● ＿＿語…他の文節と直接関係がない文節。

例 [独立語] ほら、見て　ごらん。（呼びかけ）
[独立語] まあ、驚《おどろ》いた。（感動）

(2) 連文節

○連文節…（
・＿＿つ以上の文節がひとまとまりになって、＿＿と同じ働きをする。
・それぞれ、主＿＿・述部・修飾部・接続部・独立部とよぶ。
）

例 小さい　犬が　走る。［主部（何が）］
明日は　私の　誕生日だ。［＿＿部（何だ）］
犬が　＿＿の　＿＿で　立ち止まる。［修飾部（どこで）］
犬が　ほえたので、［＿＿部（順接）］　怖《こわ》かった。
クラスの　みんな、［独立部（呼びかけ）］　ありがとう。

○必ず連文節になるもの

●並立《へいりつ》の関係…二つ以上の文節が対等な関係で並ぶ。

●＿＿の関係…主な意味を表す文節に、意味を補う文節が付く。

例 雨や　風が［＿＿の関係］［主部］　強い。
子供が　＿＿　＿＿［補助の関係］［述部］。

詳しく！
「並立の関係」にある文節どうしは、含《ふく》まれる自立語を入れ替《か》えても、意味が変わらない。
雨や　風が　強い。＝風や　雨が　強い。

詳しく！
「補助の関係」の連文節の形。
例 持って　あげる
言って　おく
欲《ほ》しく　ない
着て　みる
遊んで　やる

3 単語の分類

(1) 単語の分類のしかた

◎全ての単語は、
・自立語か、＿＿語か
・活用するか、活用しないか
・どんな文の成分になるか
などで、分類できる。

◎自立語・付属語

●自立語…
・それだけで＿＿が作れる。
・一文節中に必ず＿＿つだけあり、しかも文節の初めにくる。

●付属語…
・＿＿のあとに付いて、文節を作る。
・一文節中に一つもないことも、複数あることもある。

例 本を／読みます。（自立語）（付属語）
とても／静かだ。（自立語）（＿＿）
妹に／行かせましょう。（自立語）（＿＿）

一文節中に、付属語が三つある。

いろいろな文節
・自
・自＋付
・自＋付＋付
・自＋付＋付＋付＋……

◎活用する・活用しない

●活用する…あとに続く言葉によって、単語の形が変化＿＿。

例 買う・＿＿ナイ・買いマス・買えバ
細い・細くナイ・細かっタ・＿＿バ

●活用しない…あとにどんな単語が続いても、単語の形が変化しない。

詳しく!
「自立語で、活用しないで、主語になる」「自立語で、活用して、述語になる」のように分類できる。

詳しく!
まず、文節に分けて、次に単語に分ける。
・各文節の初めの単語が自立語で、残りは付属語。
・自立語だけの文節もある。
・付属語だけの文節はない。

(2) 品詞

● 品詞…単語を、自立語か付属語か、活用するかしないか、どんな文の成分になるかや、＿＿の形などで分類したもの。＿＿種類に分けられる。

品詞分類表

- 単語
  - 自立語
    - 活用しない
      - 主語になる（体言）……＿＿（例 北海道《ほっかいどう》・家・十時・あなた）
      - 修飾語《しゅうしょくご》になる
        - 主に＿＿を修飾……副詞（例 ゆっくり・とても）
        - 体言を修飾……＿＿（例 この・いわゆる）
      - 接続語になる……＿＿（例 そして・だから）
      - 独立語になる……＿＿（例 まあ・いいえ）
    - 活用＿＿
      - 述語になる（用言）
        - ＿＿段の音で終わる……動詞（例 歩く・食べる）
        - 「い」で終わる……＿＿（例 美しい・冷たい）
        - 「＿＿・＿＿」で終わる……形容動詞（例 変だ・静かです）
  - 付属語
    - 活用＿＿……助詞（例 が・を・は・のに）
    - 活用する……＿＿（例 だ・らしい・ます）

(3) 体言と用言

● 体言…＿＿のこと。「が」や「は」を付けて、＿＿になることができる。

● 用言…動詞・＿＿・形容動詞のこと。

確認テスト①

●目標時間：30分　●100点満点　●答えは別冊18ページ

／100

1 次の文章を読んで、あとの問題に答えなさい。〈4点×3〉

そして星がいっぱいです。けれども東の空はもう、やさしいききょうの花びらのように、あやしい底光りを始めました。

その明け方の空の下、昼の鳥でも行かない高い所を、するどいしものかけらが風に流されて、サラサラサラサラ、南の方へ飛んでゆきました。

実に、そのかすかな音が、おかの上の一本いちょうの木に聞こえるくらい、すみきった明け方です。

（宮沢賢治《みやざわけんじ》「いちょうの実」『セロ弾《ひ》きのゴーシュ──宮沢賢治作品集』〈偕成社〉より）

(1) この文章には、①段落がいくつありますか。また、②初めの段落には文がいくつありますか。漢数字で答えなさい。

①〔　　〕つ　②〔　　〕つ

(2) ──線部を文節に区切るとどうなりますか。次から選び、記号で答えなさい。

ア 昼の鳥でも／行かない／高い所を
イ 昼の／鳥でも／行かない／高い／所を
ウ 昼の／鳥／でも／行かない／高い／所／を

〔　　〕

2 次の文を、例にならって文節と単語に区切りなさい。〈完答4点×2〉

＊私の母は毎朝五時に起きます。

（例）【文節】明日は／休日だ。　【単語】明日｜は｜休日｜だ。

【文節】 私 の 母 は 毎 朝 五 時 に 起 き ま す。

【単語】 私 の 母 は 毎 朝 五 時 に 起 き ま す。

3 重要 次の各文の──線部の文節どうしは、どんな関係にありますか。答えなさい。〈4点×4〉

(1) 子供たちが公園で　遊ぶ。　〔　　の関係〕

(2) 雨がやんだ。だから、出かけた。　〔　　の関係〕

(3) 頑張《がんば》れば、君だって　できる。　〔　　の関係〕

(4) はい、行きます。　〔　　の関係〕

4 重要 次の各文から、【　】に挙げた文の成分をそれぞれ一文節で抜《ぬ》き出しなさい。〈4点×4〉

(1) 落ち葉がはらはらと散る。【修飾語《しゅうしょくご》】〔　　〕

(2) ああ、やっと思い出した。【独立語】〔　　〕

(3) 教室に生徒が三人いる。【主語】〔　　〕

(4) 僕《ぼく》の乗る列車は特急です。【述語】〔　　〕

5 重要 次の各文の——線部は、A連体修飾語ですか、B連用修飾語ですか。それぞれA・Bの記号で答えなさい。〈4点×2〉

(1) 幼い弟がゆっくりと子犬を追いかける。〔　〕

(2) 水槽《すいそう》の中を大きな魚が悠々《ゆうゆう》と泳いでいる。〔　〕

6 次の——線部の連文節の、文の成分を答えなさい。〈4点×2〉

＊すばらしいごちそうが①、テーブルの上に並んでいる②。

① 〔　　〕　② 〔　　〕

7 次の各文の——線部の連文節は、「並立《へいりつ》の関係」、「補助の関係」のどちらですか。答えなさい。〈4点×2〉

(1) 持っていくものを、前日にそろえる。〔　　〕の関係

(2) スーパーで、肉と野菜を買った。〔　　〕の関係

8 次の文の自立語の横に、——線を引きなさい。〈完答4点〉

＊山道を下ると、細い渓流《けいりゅう》があります。

9 重要 次の特徴《とくちょう》に当てはまる品詞をあとから選び、記号で答えなさい。〈5点×4〉

(1) 用言の一つ。言い切りの形がウ段の音で終わる。〔　〕

(2) 用言の一つ。言い切りの形が「い」で終わる。〔　〕

(3) 活用しない自立語で、主語になる。〔　〕

(4) 活用する付属語。〔　〕

ア 名詞　**イ** 副詞　**ウ** 連体詞　**エ** 接続詞
オ 感動詞　**カ** 動詞　**キ** 形容詞　**ク** 形容動詞
ケ 助詞　**コ** 助動詞

4 動詞 1

(1) 動詞とは

●人やものなどが「どうする」「どうなる」「ある・いる」ことを表す。

●活用する　　語で、　　の一つ。

●言い切りの形が　　段の音になる。

例 立つ(tu)　広がる(ru)　干す(su)

●それだけで　　語になれる。付属語を伴《ともな》って、いろいろな文の成分になる。

例
- 車が走る。（動詞）（述語）
- 走るのが好きだ。（付属語）（主語）
- 走るように促《うなが》す。（付属語）（修飾《しゅうしょく》語）
- 走れば、間に合う。（付属語）（接続語）

詳しく!
動詞は、動作・変化・存在などを表す単語である。

(2) 動詞の活用

●活用の種類

動詞は、活用語尾《ごび》の変化のしかたによって、次の　　種類に分類できる。

●五段活用…活用語尾が、ア・イ・ウ・エ・オの　　に沿って変化。

●上《かみ》一段活用…活用語尾が、　　段の音を中心に変化。

●下《しも》一段活用…活用語尾が、　　段の音を中心に変化。

●カ行変格活用（カ変）…カ行の音で、変則的に変化。「　　」の一語だけ。

●サ行変格活用（サ変）…サ行の音で、変則的に変化。「する」と「～する（ずる）」の形の複合動詞。

活用の種類ごとの語例

五段活用	知る・書く・遊ぶ
上一段活用	着る・似る・見る
下一段活用	得る・出る・教える
カ行変格活用	来る（この一語だけ。）
サ行変格活用	する・成功する・信ずる

五段活用以外の動詞は、全て「～る」という語形になる。

◎活用形…あとに続く言葉（続き方）によって分けた、次の［　］つの形。

●未然形…「［　］・ウ・ヨウ」などに続く。

●連用形…用言や「［　］・タ・テ」などに続く。

●終止形…言い切る。「ト・カラ・ケレドモ」などに続く。

●連体形…体言や「ノニ・ノデ」などに続く。

●仮定形…「［　］」に続く。

●命令形…命令して言い切る。

◎動詞の活用表…活用の種類ごとに、活用語尾の変化のしかたをまとめた表。

変化するところ。

動詞の活用表

活用の種類	基本形	語幹	未然形	連用形	終止形	連体形	仮定形	命令形
主な続き方	（変化しないところ）		ーナイ ーウ ーヨウ	ーマス ータ ーテ	言い切る。	ートキ ーノデ	ーバ	命令して言い切る。
五段活用	待つ	ま	ー［　］ ー［　］	ー［　］ ーっ	ー［　］	ー［　］	ー［　］	ー［　］
上一段活用	起きる	お	ー［　］	ー［　］	ー［　］	ー［　］	ー［　］	ー［　］ ーきよ
下一段活用	食べる	［　］	ー［　］	ー［　］	ー［　］	ー［　］	ー［　］	ー［　］ ーべろ
カ行変格活用	来る（一語だけ）	○	［　］	［　］	［　］	［　］	［　］	［　］
サ行変格活用	する	○	［　］ せ さ	［　］	［　］	［　］	［　］	［　］ せよ

ta・to・ti・tu・teと五段に沿って変化。

ki・ki・kiru・kiru…とイ段で変化。

be・be・beru・beru…とエ段で変化。

サ変の未然形の「せ」は助動詞「ヌ（ズ）」に、「さ」は助動詞「レル」「セル」に続く。

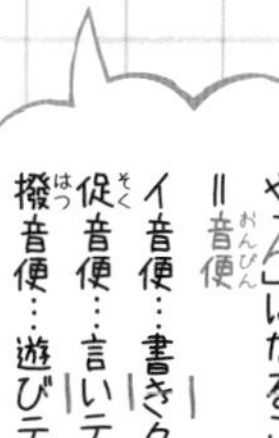
六つの活用形のよび方は、活用する品詞全てに共通だよ。

詳しく！

五段活用の連用形に「タ」（ダ）」や「テ（デ）」が続くとき、活用語尾が「い」や「っ」や「ん」になることがある。
＝音便《おんびん》
イ音便…書きタ→書いタ
促《そく》音便…言いテ→言っテ
撥《はつ》音便…遊びテ→遊んデ

詳しく！

カ変とサ変以外の動詞は、あとに「ナイ」を続けてみて、直前の音で、活用の種類がわかる。

・待つ→待たナイ
　直前が「た（ta）」でア段の音→五段活用
・起きる→起きナイ
　直前が「き（ki）」でイ段の音→上一段活用
・食べる→食べナイ
　直前が「べ（be）」でエ段の音→下一段活用

5 動詞2

●動詞の種類

動詞はその性質・働きによって、次のように分けることがある。

◎自動詞・他動詞

●自動詞…主語の動作・変化を表し、「～を」という目的語を必要と＿＿動詞。

●他動詞…他への動作・変化を表し、目的語を必要と＿＿動詞。

例 火が消える。（自動詞）――火を（目的語）＿＿（他動詞）。

例 水が流れる。（自動詞）――水を（目的語）＿＿（他動詞）。

●自動詞と他動詞で形が変わらない動詞

例 幕が閉じる。（自動詞）――目を閉じる。（他動詞）　心に触《ふ》れる。（自動詞）――手を触れる。（他動詞）

●自動詞・他動詞しかない動詞

自動詞だけ…例 ある・行く・いる・来る

他動詞だけ…例 書く・着る・食べる・投げる

全ての動詞が自動詞・他動詞の組になるわけではないんだね。

詳しく！

自動詞と他動詞が組みになる動詞

例 自動詞　他動詞

開《あ》く――開《あ》ける
当たる――当てる
集まる――集める
壊《こわ》れる――壊す
覚める――覚ます
沈《しず》む――沈める
閉まる――閉める
広がる――広げる

ミス注意！

自動詞・他動詞・可能動詞・補助動詞は、品詞名ではない。動詞の中の、その性質・働きによる分類。

月　日

◎可能動詞…「〜できる」という意味を表す動詞。五段活用の動詞が形を変えたもので、可能動詞になると、活用の種類が＿＿活用へと変わる。＿＿形はない。

可能動詞

五段活用動詞	可能動詞（下一段活用）
会う	会える
歩く	＿＿
泳ぐ	＿＿
持つ	＿＿
飛ぶ	＿＿
飲む	＿＿

●可能動詞と紛《まぎ》らわしい言葉

例 着られる…上一段活用動詞「着る」＋【可能】の助動詞「られる」。

食べられる…下一段活用動詞「食べる」＋【可能】の助動詞「られる」。

「着れる」「食べれる」は、これらの「ら抜《ぬ》き言葉」なので、やはり可能動詞ではない!!

◎補助動詞…その動詞本来の意味が薄《うす》れて、直前の文節の意味を補うために用いられる動詞。直前の文節と共に連文節を作る。（▶P.13「補助の関係」）

例 風が吹《ふ》いている。（補助動詞／連文節）　本を読んでもらう。（補助動詞／連文節）　手紙を取っておく。（補助動詞／連文節）

「人がいる。」「お小遣《こづか》いをもらう。」「本を机の上におく。」などという場合の、本来の動詞とは、意味が異なる。

ミス注意!

五段活用とサ変以外の動詞に可能の意味をもたせるときは、助動詞「られる」を付ける。だから、可能動詞「読める」は一単語だが、

「着られる」は「着る」＋「られる」

「食べられる」は、「食べる」＋「られる」

で、二単語になる。

詳しく!

補助動詞には、他に「いく・くる・しまう・みる」などがある。

例 寄っていく。見てくる。帰ってしまう。読んでみる。

・補助動詞の直前は、「〜て（で）」の形のことが多い。

・補助動詞はひらがなで書くことが多い。

6 形容詞

(1) 形容詞とは

●人やものなどが「どんなだ」（性質・状態・感情など）を表す。

●活用する自立語で、＿＿＿の一つ。

●言い切りの形が「＿＿＿」で終わる。

●それだけで述語や＿＿＿語になれる。また、付属語を伴《ともな》って、いろいろな文の成分になる。

"形容"＝姿や様子などを言葉で言い表すこと。

例　頬《ほお》が赤い。（形容詞・述語）　頬が赤くなる。（修飾語《しゅうしょくご》）

赤いのが、私の傘《かさ》だ。（主語／付属語）

形容詞の語例

明るい↕暗い　細い↕太い

うれしい↕悲しい　おいしい↕まずい

大きい↕＿＿＿　広い↕＿＿＿

(2) 形容詞の活用

●活用の種類と活用形

●活用の種類は＿＿＿種類。

●「〜い」の形の形容詞も、「〜しい」の形の形容詞も、活用語尾《ごび》は同じ。

●終止形と＿＿＿形が同じ形。＿＿＿形がない。

ミス注意!

言い切りの形が「〜い」だから「形容詞」と、決めつけない!

○危ない…形容詞

×わからない…動詞「わかる」＋否定（打ち消し）の助動詞「ない」

ミス注意!

語形が似ていても、品詞は別!

・「悲しむ」は動詞。

・「悲しい」は形容詞。

例　君が悲しめば、（動詞）

僕《ぼく》も悲しくなる。（形容詞）

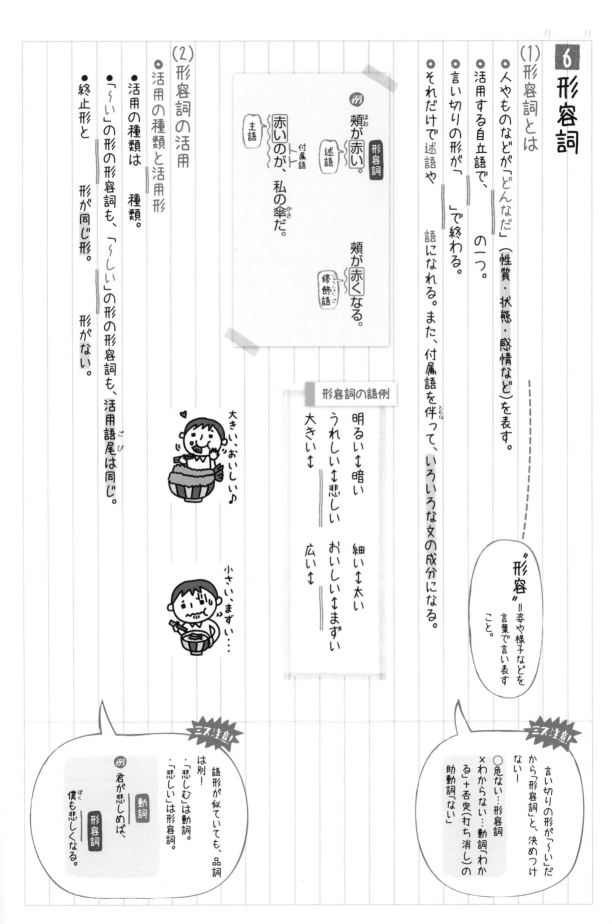

● 形容詞の活用表

活用形の「主な続き方」が、動詞と異なる。

形容詞の活用表

基本形 （変化しないところ）	語幹 ＼ 活用形 主な続き方	未然形	連用形	終止形	連体形	仮定形	命令形
		—ウ	—タ —ナイ —ナル	言い切る。	—トキ —ノデ	—バ	
広い	ひろ						○
楽しい	たのし						○

「〜い」も「〜しい」も活用のしかたは同じ。

(3) 補助形容詞

その形容詞本来の意味が薄《うす》れて、直前の文節の意味を補うために用いられる形容詞。直前の文節と共に連文節を作る。主に、「　」「　」「よい」の三つ。

例
- 今日は暑くない。（連文節／補助形容詞）
- 僕《ぼく》と遊んでほしい。（連文節／補助形容詞）
- 中に入ってよい。（連文節／補助形容詞）

「時間がない。」「水がほしい。」「景色がよい。」などという場合の、本来の形容詞とは、意味が異なる。

詳しく！

形容詞にも音便《おんびん》あり！
形容詞の連用形「〜く」＋「ございます」「存じます」
← 「〜うございます」「〜う存じます」
「く」がウ音便になる。

例
・寒うございます。
・うれしゅう（＝うれしく）存じます。

ミス注意！

補助形容詞と形容詞の見分け方

・補助形容詞の直前は、補助動詞と同じく、「〜て（で）」の形になっていることが多い。

例 きれいでない。（補助形容詞）

・補助形容詞は、直前に「は」や「も」を加えても、意味が通じる。

例
○今日は暑く（は）ない。（補助形容詞）
×時間が（は）ない。（形容詞）

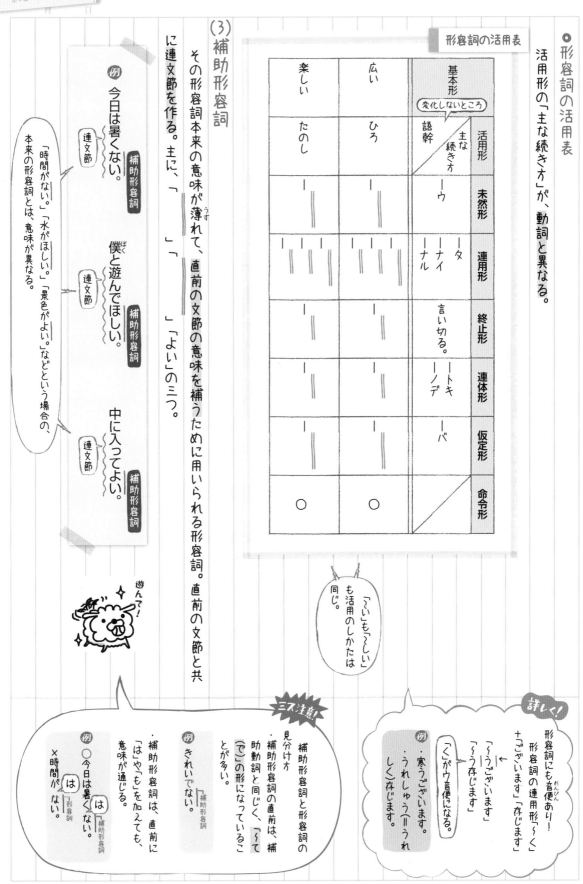

7 形容動詞

(1) 形容動詞とは

・人やものなどが「どんなだ」（性質・状態・感情など）を表す。

・活用する自立語で、　　の一つ。

・言い切りの形が「　」「です」で終わる。

・それだけで　　語や修飾語《しゅうしょくご》になれる。また、付属語を伴《ともな》って、いろいろな文の成分になる。

例
妹は元気だ。（形容動詞／述語）
夏休みを元気に過ごす。（修飾語）
元気なのが一番だ。（主語／付属語）

形容動詞の語例

健康だ　静かだ
親切だ　明らかだ
朗《ほが》らかだ　穏《おだ》やかだ
健《すこ》やかだ　華《はな》やかだ

(2) 形容動詞の活用

・活用の種類は、「〜だ」と「〜です」の形の二種類。

・活用形の「主な続き方」は　　詞と同じ。ただし、「〜です」の形の語には　　形もない。

・　　形と連体形の形が異なる。

ミス注意！
・温かい…形容詞
・温かだ…形容動詞
「きれい」の場合は、形容動詞「きれいだ」の語幹なので、形容詞ではない。

詳しく！
形容動詞の基本的な形は三種類。
・和語…静かだ・穏やかだ
・漢語＋だ…健康だ・豪快《ごうかい》だ
・外来語＋だ…スマートだ・ラッキーだ
「漢語＋だ」「外来語＋だ」の形の言葉が出てきたら、形容動詞の可能性あり。

月　日

● 形容動詞の活用表

形容動詞の活用表

基本形	語幹	未然形	連用形	終止形	連体形	仮定形	命令形
主な続き方（変化しないところ）		ーウ	ータ ーナイ ーナル	言い切る。	ートキ ーノデ	ーバ	
穏やかだ	おだやか	ー＿＿	ー＿＿ ー＿＿ ー＿＿	ー＿＿	ー＿＿	ー＿＿	○
元気です	げんき	ーでしょ	ー＿＿	ー＿＿	（ーです）	○	○

特に、「〜だ」のほうの活用が重要！

（ーです）は、「元気ですので、ご心配なく。」などという場合。

(3) 形容動詞と「名詞＋助動詞『だ・です』」との見分け方

形容動詞の直前には「＿＿」などを入れることができる。

例

父は（とても）健康だ。　形容動詞

目標は健康だ。　名詞＋助動詞

＿＿

私は幸せです。　＿＿

人々が望むのは幸せです。　＿＿＋＿＿

「目標はとても健康だ。」では、意味が通らない。

詳しく！

文によっては、「〜な」の形にして体言に続けてみても、品詞を見分けられる。

・意味が変わらない。＝形容動詞

例 父は健康だ。→○健康な父

・意味が通らない。＝名詞＋助動詞「だ」

例 目標は健康だ。→×健康な目標

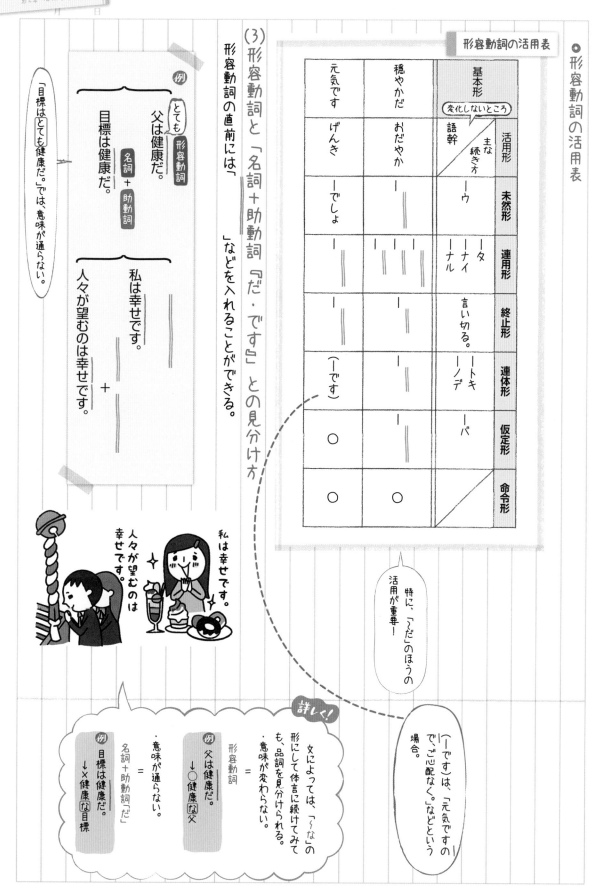

確認テスト②

●目標時間：30分　●100点満点　●答えは別冊18ページ

/100

1 動詞について、次の各問いに答えなさい。

〈(1)・(4)・(5)は3点×7、(2)・(3)は4点×11〉

(1) 次の各文から動詞を一つずつ抜《ぬ》き出し、終止形にして答えなさい。

① いつも彼《かれ》が正しいとは限らない。〔　　〕

② もっと早く来ればよかった。〔　　〕

③ 次の大会にはぜひ出たい。〔　　〕

(2) 重要 次の動詞の活用の種類をあとから選び、記号で答えなさい。

① 呼ぶ〔　〕　② 植える〔　〕

③ 研究する〔　〕　④ 散る〔　〕

⑤ 生きる〔　〕　⑥ 来る〔　〕

ア 五段活用　**イ** 上一段活用　**ウ** 下一段活用

エ カ行変格活用　**オ** サ行変格活用

(3) 重要 次の各文の――線部の、動詞の活用形を答えなさい。

① 一緒《いっしょ》にコンサートに行こう。〔　　〕

② 時が過ぎれば、忘れるさ。〔　　〕

③ 今日は私が夕食のしたくをします。〔　　〕

④ トンボが目の前を飛んでいく。〔　　〕

⑤ かすかな気配を感じることができる。〔　　〕

(4) 次の動詞に対応する可能動詞を答えなさい。

① 解く――〔　　〕

② 取る――〔　　〕

(5) 次の各組から、補助動詞を含《ふく》む文を選び、記号で答えなさい。

① ア 目覚まし時計を六時に合わせておく。
イ 姉から誕生日のプレゼントをもらう。
ウ 旅行したい場所がたくさんある。
〔　　〕

② ア 私には兄と妹が一人ずついる。
イ この本は読んでみるとおもしろい。
ウ 洗濯物《せんたくもの》をたたんで、たんすにしまう。
〔　　〕

2 形容詞について、次の各問いに答えなさい。

〈(1)・(2)は4点×4、(3)は3点〉

(1) 次の各文から形容詞を一つずつ抜き出し、終止形にして答えなさい。

① 初雪が降って山の頂上付近が白くなった。 〔　　〕

② よろしければ、こちらでお休みください。 〔　　〕

(2) **重要** 次の各文の——線部の、形容詞の活用形をあとから選び、記号で答えなさい。

① 激しい風が吹《ふ》きつける。 〔　　〕

② 相手の選手は思ったよりも強かった。 〔　　〕

ア 未然形　イ 連用形　ウ 終止形
エ 連体形　オ 仮定形　カ 命令形

(3) 次から補助形容詞を含む文を選び、記号で答えなさい。

ア 君のほしいものは何ですか。
イ あと二、三日、時間がほしい。
ウ 子供たちには元気に遊んでほしい。
〔　　〕

3 形容動詞について、次の各問いに答えなさい。

〈4点×4〉

(1) **重要** 次の各文の——線部の、形容動詞の活用形をあとから選び、記号で答えなさい。

① この喫茶店《きっさてん》は静かで落ち着きますね。 〔　　〕

② 新鮮《しんせん》ならば、たいていの野菜はおいしい。 〔　　〕

③ 彼女《かのじょ》は朗《ほが》らかなので、誰《だれ》からも好かれる。 〔　　〕

ア 未然形　イ 連用形　ウ 終止形
エ 連体形　オ 仮定形　カ 命令形

(2) 次の——線部が形容動詞であるものを選び、記号で答えなさい。

ア 食事のときだけ我《わ》が家は平和だ。
イ 世界の人々が望んでいるのは平和だ。
ウ 白いハトが象徴《しょうちょう》するものは平和だ。
〔　　〕

8 名詞

(1) 名詞とは

- 生き物や物、事柄《ことがら》などを表す。
- 活用　　自立語。
- 用言に対して　　とよばれる。
- 助詞「が・は・も」などを伴《ともな》って、　　語になる。
- 付属語を伴って、いろいろな文の成分になる。

名詞

例 店が開く。（店＝主語）

当番はあなたです。（当番＝主語、あなた＝述語）

日本の首都。（日本＝（連体）修飾語《しゅうしょくご》）

声を出す。（声＝（連用）修飾語）

(2) 名詞の種類

- 名詞…一般的《いっぱんてき》な物事の名前。　例 本・スポーツ・生徒・考え

- 名詞…人や物事などを指し示す語。　例 私・それ・ここ・あちら

- 名詞…人名・地名・作品名など、そのものだけの名前。　例 池田《いけだ》さん・長野県《ながのけん》・竹取物語《たけとりものがたり》

- 詞…物の数や量・時刻・順序など。　例 一つ・三時・五番目

ミス注意!

目に見える物の名前だけが名詞ではない。「気持ち」「意見」「熱さ」など、目に見えないもののよび名も名詞。

詳しく!

「数詞」は具体的な数字の入ったものだけではない。はっきりとわからない数や量などを表す単語も、数詞。

何年・何番
何名・いくら
} 数詞

● 名詞…「〜もの」「〜こと」など、補助的に使われる語。

例 慌《あわ》てると失敗するものだ。

(3)代名詞と「こそあど言葉」

代名詞は、二種類に分かれる。

● 代名詞…
- 代名詞…人を指し示す。　例 私・君・あなた・彼《かれ》・彼女《かのじょ》
- 代名詞…事物・場所・方向を指し示す。　例 これ・それ・あそこ・どちら

詳しく!

形式名詞は、ひらがなで書くことが多い。また、直前に必ず、連体修飾語(動詞や形容詞などの連体形、連体詞など)が付く。

例
・負けることもある。 ← 連体修飾語(動詞の連体形)
・練習を欠かさないとは、えらいものだ。 ← 連体修飾語(形容詞の連体形)

● 指示代名詞と「こそあど言葉」

指示代名詞は、「こそあど言葉」のうちの一つ。

指示代名詞

指し示すもの	近称《きんしょう》(話し手に近い。)	中称(聞き手に近い。)	遠称(話し手と聞き手のどちらからも遠い。)	不定称(指すものがはっきりしない。)
事物	これ		あれ	どれ
場所		そこ		どこ
方向(方角)	こちら	そっち	あちら あっち	どっち

ミス注意!

「こそあど言葉」=「指示代名詞」ではない。
他に三つの品詞がある。

〈他の「こそあど言葉」〉

品詞	近称	中称	遠称	不定称
副詞	こう	そう	ああ	どう
連体詞	この	その	あの	どの
形容動詞	こんなだ	そんなだ	あんなだ	どんなだ

・場所や方向を指している。
・助詞や助動詞に続いている。
⇐ こういう場合は、指示代名詞であることが多い。

9 副詞

(1) 副詞とは

● 物事の状態(様子)や＿＿を表す。

● 活用＿＿自立語。

● 主に＿＿言を修飾《しゅうしょく》する。

例 副詞

くっきり見える。（動詞）

かなり寒い。（形容詞）

ずいぶん静かだ。（形容動詞）

(2) 副詞の種類

● ＿＿の副詞…「どのように」どうする(なる)かを詳《くわ》しくする。主に＿＿詞を修飾する。

例 副詞

やっと終わる。

直ちに始める。

● ＿＿の副詞…「どのくらい」の程度かを詳しくする。用言や、名詞・副詞を修飾する。

例 副詞

とても難しい。（形容詞）

たいそう不思議だ。（形容動詞）

状態の副詞の語例

そっと・ふと
ついに・しっかり
いきなり・すっかり

程度の副詞の語例

たいへん・ずいぶん・
いくぶん・わずか・
よほど・かなり

詳しく!

① 副詞には語尾《ごび》が「と・に・り・ん」で終わるものが多い。

② 「擬態語《ぎたいご》」や「擬声(音)語」は、状態の副詞に入る。

例 「さらさら(と)」「ふわっと」「ワンワン(と)」

詳しく!

程度の副詞が名詞(を含《ふく》む文節)や副詞を修飾するのは、次のような場合。

・ずっと前に、彼《かれ》に会った。（名詞）

・もっとゆっくり歩こう。（副詞）

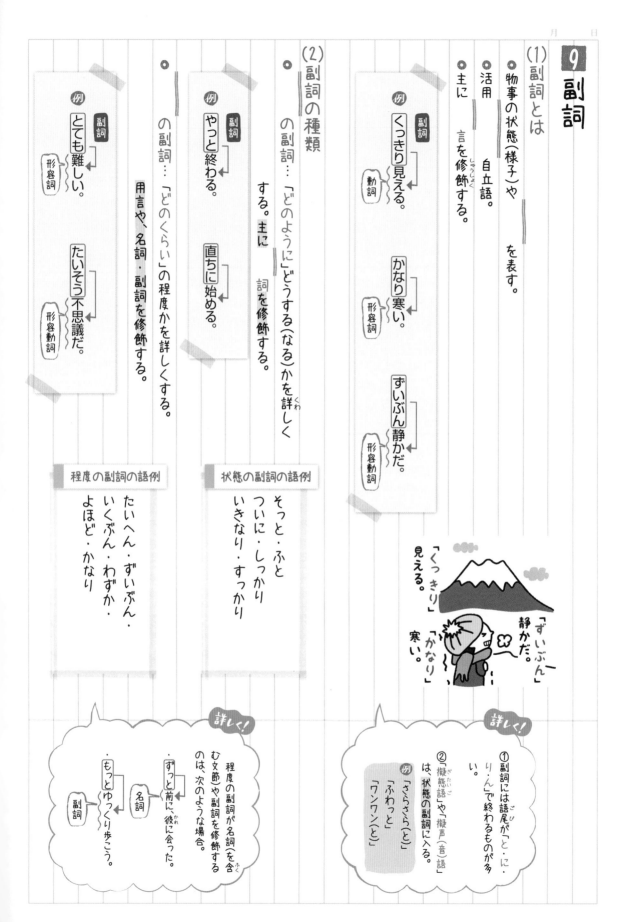

◎ ＿＿の副詞…あとに、決まった言い方（決まった助詞や助動詞など）がくる。否定（打ち消し）や推量など、話し手・書き手の気持ちを表す。

・あとに＿＿の表現……
例 ちっとも知らない。　めったに会え＿＿。

・あとに＿＿の表現……
例 きっと勝つだろう。　たぶん晴れるでしょう。

・あとに希望の表現……
例 ぜひ来てください。　どうかがんばってほしい。

・あとに＿＿の表現……
例 たとえ苦しく＿＿、続ける。　もし雨なら＿＿、中止だ。

・あとに比喩《ひゆ》（たとえ）の表現……
例 まるで春の＿＿暖かい。　あたかも笑っているようだ。

・あとに＿＿（反語）の表現……
例 どうして行くのです＿＿。　なぜ山に登るのか。

・あとに否定の推量の表現……
例 まさかそんなことはあるまい。　よもや知るまい。

詳しく！
「呼応の副詞」は、「陳述《ちんじゅつ》の副詞」「叙述《じょじゅつ》の副詞」ともいう。

詳しく！
その他の呼応の副詞
・あとに否定…決して・少しも
・あとに推量…おそらく
・あとに仮定…いくら・かりに
・あとに比喩…ちょうど

10 連体詞・接続詞・感動詞

(1) 連体詞

●連体詞とは…
- ●活用＿＿＿自立語。
- ●＿＿＿(名詞)を含《ふく》む文節だけを修飾《しゅうしょく》する。(＿＿＿)修飾語になる。

例
- この水は冷たい。（この：連体詞／水：名詞）
- いろんな店がある。（店：名詞）

●連体詞の種類…連体詞は、語尾《ごび》の形で分けられる。

連体詞の種類

「〜の」型	「〜る」型	「〜た・だ」型	「〜な」型	「〜が」型
この・その あの・＿＿ ほんの	ある・去る いわゆる・来《きた》る あらゆる	たいした とんだ	大きな・＿＿ おかしな いろんな	我が

(2) 接続詞

●接続詞とは…
- ●前後の文や語を＿＿＿。
- ●活用＿＿＿自立語。
- ●それだけで、文の成分である接続語になる。

ミス注意!

連体詞と、形の似た形容詞・形容動詞との見分け方。

・連体詞は活用しない。
大きな
おかしな
小さな
いろんな

・形容詞・形容動詞は活用する。
大きい
おかしい
小さい　}…形容詞
いろいろな…形容動詞
(「いろいろだ」の連体形)

ミス注意!

「接続語」…文の成分の一つ。
「接続詞」…品詞の一つ。
接続語という場合は、一単語のことも、二単語以上のこともある。

・寒い。だから、上着を着た。
　← 接続語(接続詞)
・寒いので、上着を着た。
　← 接続語(形容詞＋助詞「ので」)

月　日

例 ピーマンは苦手だ。でも、残さずに食べた。
接続詞（　　　）

土曜日、または日曜日に出かけよう。
接続詞（対比・選択《せんたく》）

●接続詞の種類…前後のつなぎ方によって、六種類に分けられる。

接続詞の種類

- （　　）接……前が理由であとが結果。　例 だから・すると・したがって
- （　　）接……前とは逆の内容があとにくる。　例 しかし・ところが・だが・でも
- 並立《へいりつ》・累加《るいか》……並べる。付け加える。　例 また・および・さらに・それから
- 対比・選択……比べる。選ぶ。　例 あるいは・それとも・もしくは
- （　　）・補足…前の説明をする。　例 つまり・すなわち・ただし・なぜなら
- 転換《てんかん》……話題を変える。　例 さて・ところで・では

(3) 感動詞

●感動詞とは…
- ●活用（　　）自立語。
- ●文の成分としては（　　）語になる。

例 あっ、流れ星だ。　感動詞（感動）
ほら、見てごらん。　感動詞（　　）

●感動詞の種類

- （　　）…例 ああ・あら・えっ
- （　　）…例 おい・さあ・もしもし
- （　　）…例 ええ・いいえ・はい
- （　　）…例 こんにちは・こんばんは・さようなら

ミス注意!

「また」には、接続詞と副詞とがある。
・兄がいて、また、姉もいる。（接続詞）
・明日、また会おう。（副詞）
接続詞「また」の位置は動かせないが、副詞「また」の位置は動かしても、意味が変わらない。
・また明日、会おう。

ミス注意!

感動詞と紛《まぎ》らわしい語に注意。
・あれ、雨かな。（感動詞）
・あれ、誰《だれ》の帽子《ぼうし》ですか。（名詞（代名詞））
・まあ、すごいわ。（感動詞）
・友達と行くなら、まあいいだろう。（副詞）

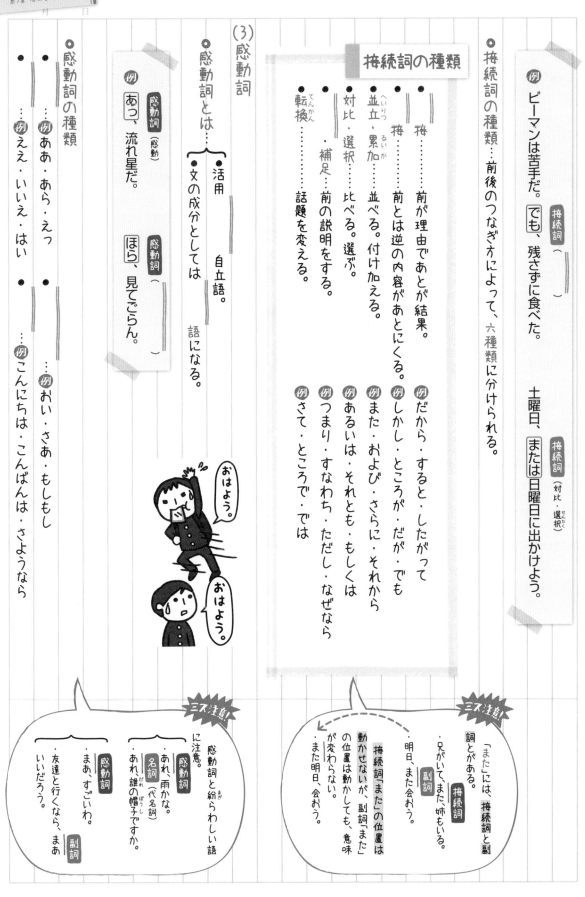

確認テスト③

●目標時間：30分　●100点満点　●答えは別冊19ページ

／100

1 名詞について、次の各問いに答えなさい。〈4点×10（(3)は各完答）〉

(1) 次の各文から名詞を一つずつ抜《ぬ》き出しなさい。

① 久しぶりに手紙を書いた。〔　　〕

② 二人でよく話し合いなさい。〔　　〕

③ じっと待っていることはつらい。〔　　〕

(2) 重要 次の各文の――線部の名詞は、あとのどの種類にあたりますか。記号で答えなさい。

① 京都《きょうと》には多くの観光客が訪れる。〔　　〕

② それができない理由を知りたい。〔　　〕

③ そのパンを三個ください。〔　　〕

④ 年長者の忠告はよく聞くものだ。〔　　〕

⑤ そこは優先席ですよ。〔　　〕

ア 普通《ふつう》名詞　イ 代名詞　ウ 固有名詞

エ 数詞　オ 形式名詞

(3) 次の文章から、①人称《にんしょう》代名詞と②指示代名詞を、全て抜き出しなさい。

＊君はどちらの花が好きですか。私は母にこっちのバラをあげようと思う。

① 〔　　〕

② 〔　　〕

2 副詞について、次の各問いに答えなさい。〈(1)は4点×3、(2)は3点×4〉

(1) 次の各文から、副詞を一つずつ抜き出しなさい。

① いきなり肩《かた》をたたかれて驚《おどろ》いた。〔　　〕

② 昨日はとても楽しいときを過ごした。〔　　〕

③ 雨が一日中しとしとと降り続く。〔　　〕

(2) **重要** 次の各文の□に当てはまる呼応の副詞をあとから選び、記号で答えなさい。

① 私は、待ち合わせには□遅《おく》れない。　〔　　〕

② □お体を大切にしてください。　〔　　〕

③ □負けても、ベストを尽《つ》くせばよい。　〔　　〕

④ 今朝は□真冬のように冷え込《こ》んだ。　〔　　〕

ア たとえ　**イ** まるで
ウ 決して　**エ** どうぞ

3 連体詞・接続詞・感動詞について、次の各問いに答えなさい。〈3点×12〉

(1) 次の——線部が連体詞であるものを二つ選び、記号で答えなさい。

*（ア）小さなミスの積み重なりが（イ）大きい事故に結びつくことは、（ウ）我《わ》が国の（エ）いろいろな例からも知ることができる。

〔　　〕・〔　　〕

(2) **重要** 次の各文の□に当てはまる接続詞をA群から、その接続詞の種類をB群から選び、順に記号で答えなさい。

① 食事をして満腹になった。□、眠《ねむ》くなってきた。　〔　　〕・〔　　〕

② 私は十五分待った。□、彼女《かのじょ》は現れなかった。　〔　　〕・〔　　〕

③ 入場料は千円ですが、会員は八百円です。□、二割引ということです。　〔　　〕・〔　　〕

A　あ および　い だが　う つまり　え すると　お ところで

B　**ア** 順接　**イ** 逆接　**ウ** 並立《へいりつ》・累加《るいか》　**エ** 対比・選択《せんたく》　**オ** 説明・補足　**カ** 転換《てんかん》

(3) 次の各文から、【　】に挙げた品詞の語を一つずつ抜き出しなさい。

① 来《きた》る十日に、生徒会を開きます。【連体詞】　〔　　〕

② さあ、そろそろ帰ろうか。【感動詞】　〔　　〕

③ 『竹取物語《たけとりものがたり》』はとてもおもしろい。【名詞】　〔　　〕

④ 明日、あるいは明後日に行くよ。【接続詞】　〔　　〕

11 助詞1

(1) 助詞とは

◎性質と働き
- 活用＿＿付属語。
- 語と語の関係を示したり、意味を付け加えたりする。

◎助詞の種類…
- ＿＿助詞　例 月が出る。
- ＿＿助詞　例 走れば、間に合う。
- ＿＿助詞　例 少しだけください。
- ＿＿助詞　例 さあ、始まるよ。

(2) 格助詞…

◎主語を作ったり、修飾語《しゅうしょくご》を作ったりする。
◎格助詞は＿＿種類。
◎接続　主に＿＿に接続する。

格助詞のゴロ合わせ
「鬼《おに》(を)が戸《と》より出《で》、空《から》の部屋《へや》」

格助詞

格助詞	主な働き	用例
が	＿＿を作る	雨が降る。
に	場所・＿＿など	学校に行く。父に話す。
と	相手・＿＿など	犬と散歩する。「はい。」と言う。
を	＿＿など	りんごを買う。
の	連体修飾語を作る(誰《だれ》の・何の)	私の本。机の上。
から	＿＿・原因など	明日から休みだ。疲労《ひろう》から倒《たお》れる。

詳しく！

格助詞「の」の、その他の働き
- 部分の主語
例 私の好きな本です。
↓「が」に言い換《か》えられる。
- 体言の代用
例 赤いのが欲《ほ》しい。
↓「もの・こと」などに言い換えられる。

月　日

接続助詞

格助詞	主な働き	用例
で	＿＿・時間・手段・材料など	公園で遊ぶ。五時で閉まる。
へ	＿＿・対象など	白鳥が北へ帰る。
より	＿＿など	これより良い。
や	＿＿の関係を作る	顔や手を洗う。

(3) 接続助詞…

◎前後の文節を＿＿、前後のさまざまな関係を示す。

◎接続 主に、活用＿＿語（動詞・形容詞・形容動詞・＿＿）に接続する。

接続助詞	主な働き	用例
て（で）	順接（方法など）	歩いて帰る。
ので	＿＿接（理由など）	雨なので中止だ。
と	順接・逆接	笑うと福が来る。負けようと、平気だ。
けれど	＿＿接	並んだけれど、買えなかった。
ながら	逆接・同時並行《へいこう》など	高齢《こうれい》ながら元気だ。食べながら歩く。
から	順接（理由など）	軽いから持てる。
ば	順接（＿＿など）	車で行けば、すぐだ。
が	＿＿接	四月だが寒い。
のに	＿＿接	若いのに感心だ。
たり（だり）	並立	見たり聞いたりする。

ミス注意！

形が同じ、格助詞・接続助詞の見分け方
体言に接続＝格助詞
活用する語に接続＝接続助詞

例
- が { 格 ビルが建つ。／接 寒いが気持ちいい。
- と { 格 君と行こう。／接 右折すると、銀行だ。
- から { 格 三時から練習だ。／接 安いから買う。
- で { 格 木材で作る。／接 道が混んでいる。

詳しく！

その他の接続助詞

例
- ・泣いても、だめだ。
- ・安いし、おいしい。
- ・犬を飼ったものの、世話が大変だ。
- ・理由を言ったところで、無駄《むだ》だ。
- ・働きつつ、学ぶ。
- ・家に着くなり、テレビをつける。

12 助詞2

(1) 副助詞…
- 限定、程度、強調など、いろいろな意味を付け加える。
- 接続 体言・用言・助詞など、いろいろな語に接続。

副助詞

副助詞	主な意味	用例
は	題目 取り立て	富士山《ふじさん》は美しい。 右の部屋は婦人用だ。
も	同類・強調 程度	兄も姉もいる。 十日も休むのか。
でも	例示・類推	音楽でも聴《き》こう。 大人でもできない。
しか	〃	肉しか食べない。
ばかり	〃 限定	三日ばかり出かける。 水ばかり飲む。
くらい	〃	これくらいの広さだ。
こそ	〃	来年こそ頑《がん》張《ば》ろう。
さえ	限定 類推・添加《てんか》	出場さえすれば、満足だ。
など	〃	りんごなど、果物が好きだ。
だけ	限定	一つだけ残った。
まで	限度・類推 到着点《とうちゃくてん》 添加	明日まで待つ。 屋上まで上る。 大雨に、風まで吹《ふ》く。
ずつ	割り当て	二つずつ配る。

あとに否定の表現がくる。

「は」は、体言に接続し、主語を示すことが多いが、格助詞ではない！

詳しく！

副助詞が、用言や助詞に接続する場合

例
- 努力するしかない。（動詞（連体形））
- あなたにもできる。（格助詞）

詳しく！

その他の副助詞

例
- 一人きりで過ごす。
- 妹にだってできる。
- メールでなり知らせてほしい。
- 泣くやら笑うやら、大変だ。
- 野菜を三分ほどゆでる。
- 何か音がした。

(2) 終助詞……

- ＿＿や文節の終わりに付く。
- 話し手・書き手の＿＿や態度を表す。
- 終助詞は重ねて使われることもある。

例「変かなあ。」「違《ちが》うわよ。」

終助詞

終助詞	主な意味	用例
か	疑問・反語 勧誘《かんゆう》・感動	雨はやむだろうか。 さあ、帰ろうか。
な	＿＿ 命令	ここで遊ぶな。 毎日練習しな。
ぞ	＿＿	きっと勝つぞ。
ね(ねえ)	感動	すごいね。
な(なあ)	＿＿	きれいだな。
の	＿＿ 命令	いつ終わるの。 ほら、急ぐの。
よ	勧誘 念押《ねんお》し	ねえ、行こうよ。 手はよく洗うんだよ。
わ	感動	ついにできたわ。

見分け方
- 終止形＋「な」→禁止
例 その部屋へ入るな。
- 連用形＋「な」→命令
例 その部屋へ入りな。

詳しく!

その他の終助詞

例
- あれは誰《だれ》かしら。
- いいとも。
- そういうことさ。
- 諦《あきら》めるものか。
- そろそろ行くぜ。

副助詞「か」との見分け方

「か」のあとに「。」を付けて意味が通れば、終助詞。

ミス注意!

終助詞は、文中にあることもある。

例
- きれいだね、とても。
- できるか、君に。
- いいよ、任せておけ。

13 助動詞1

(1)助動詞とは

● ＿＿言・体言（名詞）・他の助動詞などに接続する。

●活用＿＿付属語。

例 夏が**来**た。（来：動詞／た：助動詞）　夕飯は**ごちそう**らしい。（ごちそう：名詞／らしい：助動詞）　夏はまだ来**ない**ようだ。（ない：助動詞／ようだ：助動詞）

●意味を付け加えたり、話し手・書き手の＿＿や判断を表したりする。

(2)助動詞の意味

●せる・させる【＿＿】

せる…五段・サ変の動詞に接続。
させる…上一段・下一段・カ変の動詞に接続。

例 生徒を早めに**帰ら**せる。（五段活用）　妹に道順を**覚え**させる。（下一段活用）

●たい・たがる【希望】

例 私は歌手になりたい。【自分の希望】　弟はゲームばかりしたがる。【＿＿以外の希望】

詳しく！

各助動詞の、活用語への接続のしかた

未然形に接続
せる・させる
れる・られる
ない・ぬ（ん）
う・よう
まい＊

連用形に接続
たい・たがる
ます
た（だ）
そうだ（推定・様態）

終止形に接続
らしい
まい＊
だ・です
そうだ（伝聞）

連体形に接続
ようだ

＊「まい」は五段活用の動詞には終止形、それ以外の動詞には未然形に接続する。▶P.43下段

◎ない・ぬ(ん)【　　　（打ち消し）】

例　ドアが開かない。　諦《あきら》めてはならぬ(ん)。

◎だ・です【　　　】

例　ニュースの時間だ。　趣味《しゅみ》は釣《つ》り＿＿＿。

「だ」の丁寧《ていねい》な言い方が「です」。

◎らしい【　　　】

例　台風が近づいているらしい。　この冬は暖冬＿＿＿。

◎ます【丁寧】

例　毎朝、六時に起きます。　花が風に揺《ゆ》れてい＿＿＿。

助動詞が重なる例

助動詞は重ねて使われることが多い。

例
・公園で遊びました。
・明日も晴れないらしい。
・弟にも食べさせたいです。

ミス注意！

助動詞「ない」と、補助形容詞「ない」の見分け方

「ぬ」に言い換《か》えて意味が通れば、助動詞。

例
・よくわからない。 助動詞
　↓○わからぬ
・それはよくない。 補助形容詞
　↓×よくぬ

ミス注意！

助動詞「らしい」と、形容詞を作る接尾語《せつびご》「〜らしい」の見分け方

「どうやら」を補えれば助動詞、「いかにも」を補えれば形容詞。

例
・あの子は背は高いが、（どうやら）中学生らしい。↓助動詞
・あの子はいつも元気で、（いかにも）中学生らしい。↓形容詞

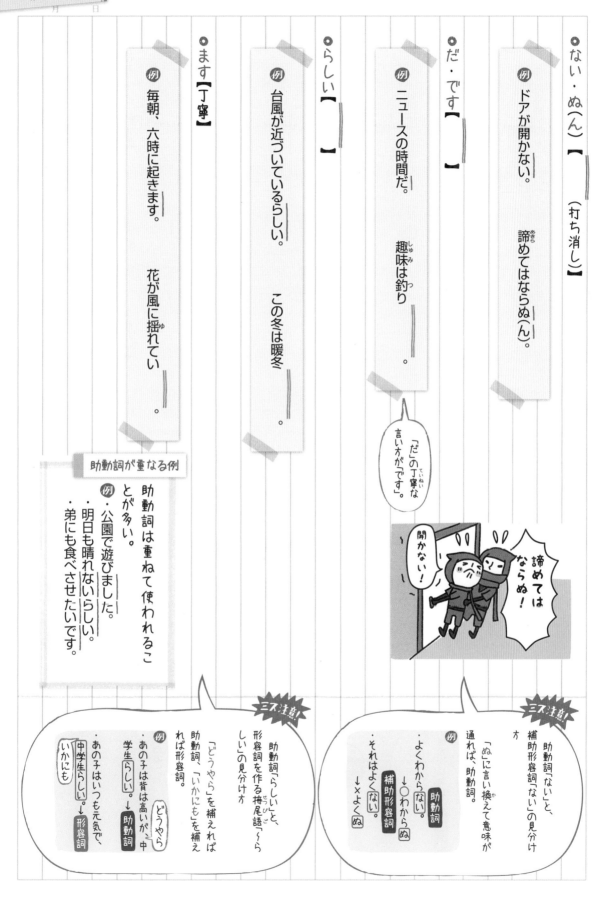

月　日

14 助動詞2

●複数の意味をもつ助動詞の意味

○れる・られる【　　・可能・　　・尊敬】

例
最終回にヒットを打たれる。【　　】
姉は一人で和服を着られる。【　　】
昔のことが思い出される。【　　】
先生が風邪《かぜ》で休まれる。【尊敬】

れる…五段・サ変の動詞に接続。
られる…上一段・下一段・カ変の動詞に接続。

○た（だ）【　　・　　・存続・想起】

「だ」は、「た」が動詞の音便形《おんびんけい》に付いて濁音化《だくおんか》したとき。

例
日曜日に、父と出かけた。【　　】
（過去を表す言葉があるか、補える。）
やっと宿題が終わった。【　　】
（「今、～たところだ」と言い換《か》えられる。）
壁《かべ》に掛《か》かった時計。【存続】
（「～ている」と言い換えられる。）
今日は月曜日だったね。【想起】

○そうだ・そうです【推定・様態／伝聞】

例
会議が始ま（連用形）そうだ。【推定・様態】
会議が始ま（終止形）そうだ。【伝聞】

詳しく！

「れる・られる」の意味の見分け方

言い換えて見分ける。
・受け身…「○○に～をされる」
・可能…「～することができる」
・自発…「自然と～する」
・尊敬…「お（ご）～になる」

ミス注意！

「そうだ」の意味の見分け方
・連用形に接続→推定・様態
・終止形に接続→伝聞

例 電車が遅《おく》れそうだ。（連用形）
例 電車が遅れるそうだ。（終止形）

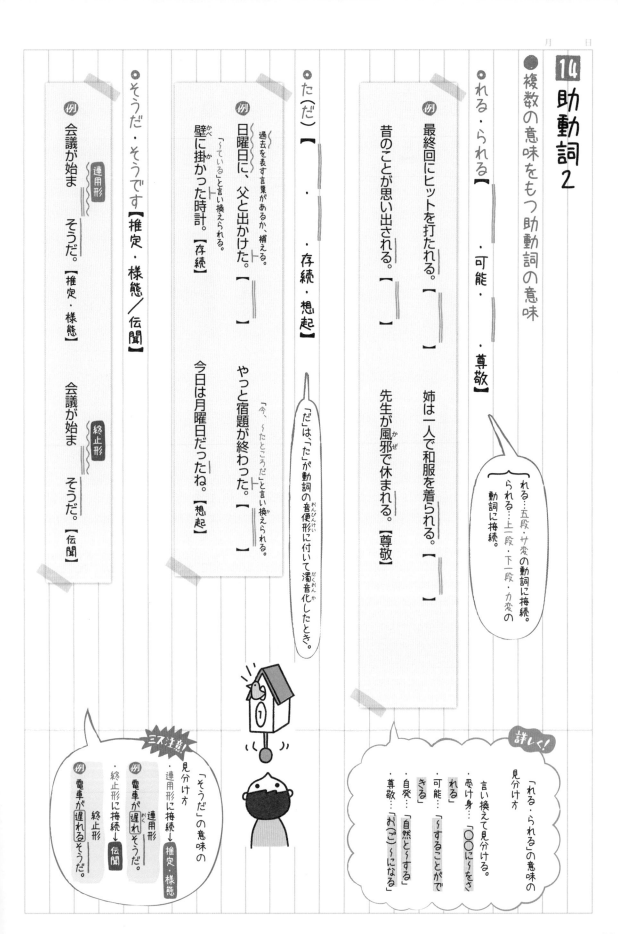

◎う・よう【　　・　　・勧誘《かんゆう》】

う…五段活用の動詞に接続。
よう…五段活用以外の動詞に接続。

例
まもなく雨はやむだろう。【　　】
（たぶん）が補える。

さあ、一緒《いっしょ》に食べよう。【　　】
（さあ、）が補える。

「う・よう」は、助動詞に接続することもある。

今夜こそ早く寝《ね》よう。【　　】
（絶対に）が補える。

◎ようだ・ようです【推定・比喩《ひゆ》（たとえ）】

例
誰《だれ》か来たようだ。【　　】
「どうやら〜らしい」と言い換えられる。

手が冷たくて氷のようです。【　　】
「まるで〜のようです」と言い換えられる。

「ようだ・ようです」は、格助詞「の」に接続することもある。

◎まい【否定（打ち消し）の推量・否定（打ち消し）の意志】

例
彼女《かのじょ》は、もし誘《さそ》っても行くまい。【否定の　　】
（たぶん）が補える。

失敗は二度とするまいと、心に誓《ちか》う。【否定の　　】
（決して）が補える。

詳しく！

「う」は、形容詞・形容動詞にも接続する。

例
・明日は寒かろう。（形容詞）
・下りは登りより楽だろう。（形容動詞）

形容詞・形容動詞に接続した「う」は「推量」。

詳しく！

「まい」は、
・五段活用の動詞には、終止形に、
・それ以外の動詞には、未然形に、
接続するのが原則。
ただし、カ変とサ変の動詞には、終止形に接続することが多い。
・来るまい
・するまい
「しまい」（未然形＋まい）ともいう。

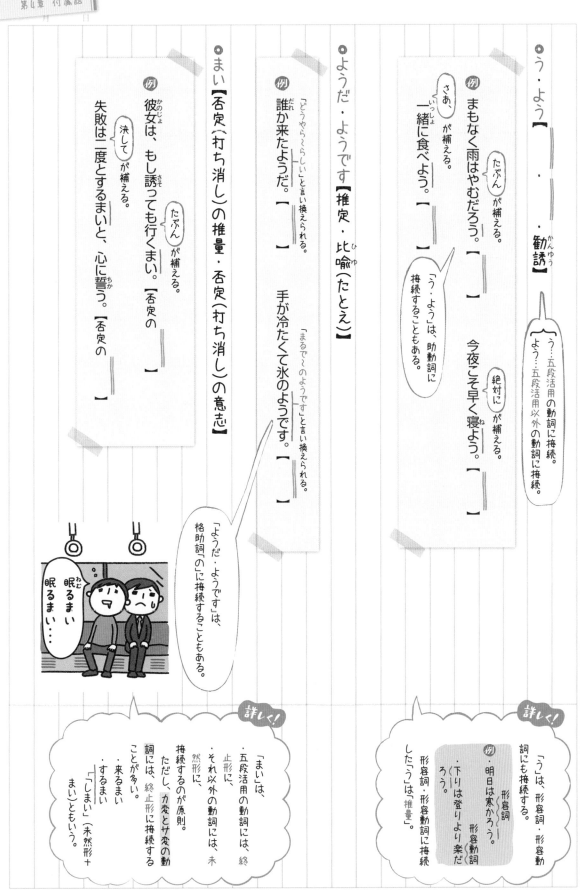

月　日

15 紛《まぎ》らわしい助詞・助動詞の見分け方

(1) 働きの見分け方

助詞「の」

- 部分の主語…「＿＿」に言い換《か》えられる。
  例 水の落ちる音が聞こえる。→水が落ちる音が聞こえる。
- 体言の代用…「＿＿・もの・のもの」などに言い換えられる。
  例 会うのが楽しみだ。→会う＿＿が楽しみだ。
- 連体修飾語《しゅうしょくご》…「体言＋の＋体言」の形。
  例 桜の花びら。

〈格助詞〉

- 文や文節の終わりに付いて、質問などを表す。
  例 何を買ったの。

〈終助詞〉

詳しく!

体言の代用「の」の例
・「もの」「ほう」
例 安いのがよい。
・「のもの」
例 これは私のだ。

(2) 品詞の見分け方

「で」

- 格助詞「で」…主に＿＿に接続。
  例 家で過ごす。
- 接続助詞「＿＿」の濁音化《だくおんか》…動詞の音便形《おんびんけい》に接続。
  例 たくさん本を読んでほしい。
- 形容動詞の連用形活用語尾《ごび》…「＿＿」に言い換えて、体言に続けられる。
  例 彼女《かのじょ》は、親切で優しい。→親切な彼女。
- 断定の助動詞「だ」の連用形…「で」を「＿＿」にして、言い切れる。
  例 兄弟は、兄が一人で妹が一人だ。→兄が一人だ。

詳しく!

接続助詞「て」や、助動詞「た」が濁音化する場合
終止形が「〜ぐ・ぬ・む・ぶ」になる五段活用動詞の、音便形に付くとき。
例 脱《ぬ》ぐ→脱いで・脱いだ
死ぬ→死んで・死んだ
飲む→飲んで・飲んだ
飛ぶ→飛んで・飛んだ

月　日

「に」

●格助詞「に」…主に　　　に接続。

例 友人に会う。

●形容動詞の連用形活用語尾…「な」に言い換えて、体言に続けられる。

例 朗《ほが》らかに笑う。→朗らか　　人。

●助動詞「ようだ」「そうだ」の連用形活用語尾…

例 「ように」「そうに」

「ない」

●助動詞…「　　　」に言い換えられる。

例 買わない。→買わ　　。

●補助形容詞…「ない」の前に「は」が補える。

例 美しくない。→美しくはない。

「らしい」

●助動詞…文節の前に「　　　」が補える。

例 行くらしい。→どうやら行くらしい。

●形容詞を作る接尾語…文節の前に「　　　」が補える。

例 いかにも春らしい陽気だ。

「だ」

●助動詞…前に連体修飾語が補える。

例 今日は晴天だ。→今日はすばらしい晴天だ。

●形容動詞の終止形活用語尾…「　　」に言い換えて、体言に続けられる。

例 コンビニは便利だ。→便利なコンビニ。

●助動詞「た」の濁音化…直前が五段活用動詞の　　　形。

例 水を飲んだ。

●助動詞「ようだ」「そうだ」の一部…

例 参加するようだ。　勝ちそうだ。

「に」は、副詞の一部の場合もある。

例 ついに・すぐに

「ない」には、形容詞の一部の「ない」や、「ある・ない」を表す、本来の意味の形容詞「ない」もある。

ミス注意!

「たい」の見分けも!

食べたい
見たい
} 希望の助動詞「たい」

→「たい」の代わりに、「ます」を付けられる。

「食べます」「見ます」

冷たい
重たい
めでたい
眠《ねむ》たい
} 一語の形容詞。この「たい」は、形容詞を作る接尾語。

確認テスト④

●目標時間：30分　●100点満点　●答えは別冊19ページ

/100

1 助詞について、次の各問いに答えなさい。〈3点×8（(1)・(2)は完答）〉

(1) 次の文の格助詞の横には――線を、接続助詞の横には〜〜線を、それぞれ引きなさい。

＊月が雲に隠《かく》れると、辺りは暗くなってしまった。

(2) 次の文の副助詞の横には――線を、終助詞の横には〜〜線を、それぞれ引きなさい。

＊もうみかんは一つしか残っていないよ。

(3) 重要 「君の言うことは、僕《ぼく》も正しいと思う。」の「の」と同じ働きをしているものを次から選び、記号で答えなさい。

ア ごみのない町を目指す。　**イ** 桜の花が満開になる。
ウ 暑いのは苦手だ。　**エ** これは私のだ。

(4) 次のうち、――線部が接続助詞であるほうを選び、記号で答えなさい。

ア 弟は叱《しか》るとすぐにすねる。
イ この本は傑作《けっさく》といわれている。

(5) 次の各文の――線部の、副助詞の意味をあとから選び、記号で答えなさい。

① 疲《つか》れたので、十分ばかり休むよ。
② あの子のしたことは、大人でもできないことだ。
③ 全員に一枚ずつ配ってください。
④ 式典には、各国の大使などが参列した。

ア 例示　**イ** 類推　**ウ** 限定
エ 程度　**オ** 割り当て

2 助動詞について、次の各問いに答えなさい。〈(3)は5点×4、他は4点×14〉

(1) 次の各文から、助動詞を二つずつ抜《ぬ》き出しなさい。

① 読めない漢字を漢和辞典で調べた。
② 新年に福袋《ふくぶくろ》を買いたがる人は多いようです。

(2) 次の各文の――線部の、助動詞の意味をあとから選び、記号で答えなさい。

① 子供たちに昔話を聞かせる。〔　〕

② 目的地はここから近いらしい。〔　〕

③ ほら、遅《おく》れないように、急いでいこう。〔　〕

④ 私は世界平和に尽《つ》くしたい。〔　〕

⑤ この記録は当分破られまい。〔　〕

ア 完了《かんりょう》　**イ** 使役《しえき》　**ウ** 否定（打ち消し）の推量
エ 推定　**オ** 勧誘《かんゆう》　**カ** 希望

(3) 重要 次の各文の――線部の意味をあとの【　】から選び、書きなさい。

① 掲示板《けいじばん》にポスターが貼《は》られる。
【可能　受け身　自発　尊敬】〔　〕

② 新学期から転校生が来るそうだ。
【推定・様態　伝聞】〔　〕

③ もう夜が明けてきたようだ。
【推定　比喩】〔　〕

④ 父は、今帰ったところです。
【過去　完了　存続　想起】〔　〕

(4) 重要 次の①～⑤に当てはまるものを下から選び、記号で答えなさい。

① 接続助詞「て」の濁音化《だくおんか》した「で」
ア 海峡《かいきょう》を泳いで渡《わた》る。
イ 彼《かれ》は、根は真面目である。
ウ 下が店舗《てんぽ》で、上が住居だ。
エ 自転車で通学する。
〔　〕

② 形容動詞の連用形活用語尾《ごび》「に」
ア 彼はいつも暇《ひま》そうにしている。
イ だんだん愉快《ゆかい》になってくる。
ウ ハトが一斉《いっせい》に放たれる。
エ バスで図書館に行く。
〔　〕

③ 助動詞「だ」
ア 暑いので上着を脱《ぬ》いだ。
イ 工事はまもなく始まるようだ。
ウ 私の今の気持ちは複雑だ。
エ 得意な科目は国語と理科だ。
〔　〕

④ 助動詞「らしい」
ア 次の生徒会長は彼女《かのじょ》らしい。
イ 大人らしい行動をすべきだ。
ウ 子犬が遊ぶ姿はかわいらしい。
エ 中学生らしい服装をしなさい。
〔　〕

⑤ 助動詞「ない」
ア 政治に関心がない若者が多い。
イ 人の住んでいない家が増えている。
ウ 駆《か》け込み乗車は危ない。
エ 荷物はそれほど多くない。
〔　〕

16 敬語1

(1) 敬語とは…話題の中の人物や、話の聞き手(読み手)への＿＿＿を表す表現。

(2) 敬語の種類…＿＿＿語・＿＿＿語・＿＿＿語の三つ。

敬語は、
・誰《だれ》の、誰に対する敬意か。
・誰の動作を敬語表現にするか。
をいつも考える！

(3) 尊敬語

◎尊敬語とは…話題の中の人物の｛・＿＿＿や様子　・関係した物事｝を＿＿めて言う言い方。

◎尊敬語の表現のしかた

●「お(ご)～＿＿＿」を使う表現

例 先生が＿話し＿＿＿。　国賓《こくひん》がご到着《とうちゃく》になる。
お名前をお書きになってください。　先生が＿説明＿＿＿。

「お(ご)～なさる」という言い方もあり。

●尊敬の助動詞「＿＿＿・＿＿＿」を使う表現

例 校長先生が椅子《いす》に座《すわ》られる。　お客様が来＿＿＿。

詳しく！
・「お～になる」の「～」には
↓動詞の連用形
・「ご～になる」の「～」には
↓熟語(漢語)がくることが多い。

ミス注意！
尊敬語は、自分や自分の身内のことを他人に話すときは、使わない。
例 ×僕《ぼく》のお父さんは、朝早くお起きになる。
○僕の父は、朝早く起きる。

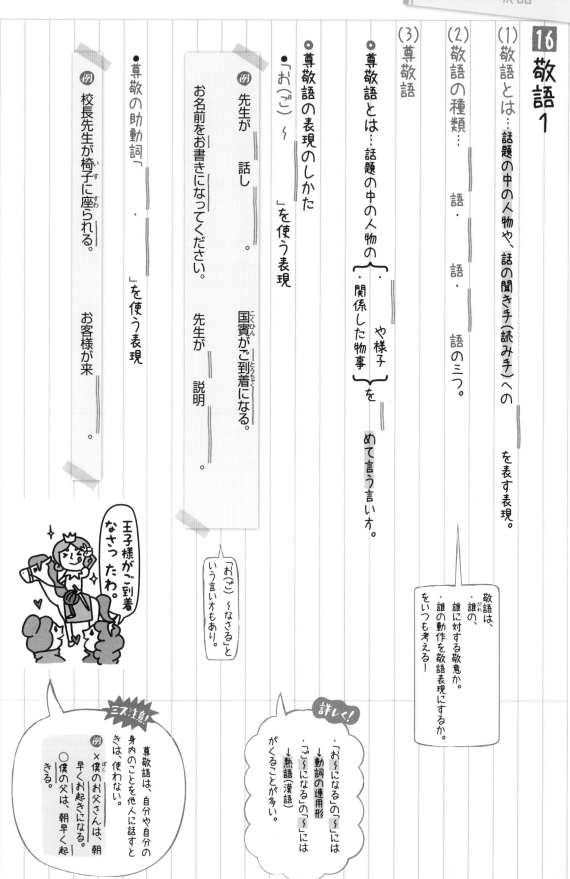

月　日

●特別な尊敬の動詞を使う表現

特別な尊敬の動詞

普通《ふつう》の言い方	特別な尊敬の動詞	用例
いる・行く・来る	＿＿＿＿　おいでになる	先生はまだ職員室にいらっしゃる。 どちらへいらっしゃるのですか。 遠方からおいでになる方もいます。
言う・話す	おっしゃる	先生の＿＿＿＿ことをよく聞く。
食べる・飲む	＿＿＿＿	お客様が昼食を召《め》し上がる。
する	＿＿＿＿	いつ準備をなさるのですか。
くれる	くださる	先生が記念の品を＿＿＿＿。
見る	＿＿＿＿	保護者の方が、生徒の劇をご覧になる。

●尊敬の接頭語「お」「ご」、接尾語《せつびご》「様」などを使った表現

接頭語　例　＿＿体・＿＿名前・＿＿兄弟・＿＿住所

接尾語　例　山田様《やまださま》・妹さん・先生方

ミス注意！

尊敬語の重複はよくない。

例　×先生が絵をご覧になられる。
○先生が絵をご覧になる。

詳しく！

特定の名詞に付く、尊敬の接頭語や接尾語

接頭語　例　御社《おんしゃ》・貴国《きこく》・尊父《そんぷ》・令嬢《れいじょう》・芳名《ほうめい》

接尾語　例　母上・木村殿《きむらどの》・親御《おやご》さん

17 敬語2

(1) 謙譲語《けんじょうご》

●謙譲語とは…＿＿＿＿や身内(自分の側の人)の動作を＿＿＿＿て言う言い方。

●謙譲語の表現のしかた

●「お(ご)～＿＿＿＿」を使う表現

例 お客様を玄関《げんかん》でお迎《むか》えする。　施設《しせつ》の見学者をご案内する。

●特別な謙譲の動詞を使う表現

特別な謙譲の動詞

普通《ふつう》の言い方	特別な謙譲の動詞	用例
行く・＿＿＿＿	＿＿＿＿・伺《うかが》う	私のほうから、そちらに参ります。
言う・話す	＿＿＿＿・申し上げる	上司に、自分の意見を＿＿＿＿。
食べる・飲む	＿＿＿＿	友人の家で、紅茶とケーキをいただく。
＿＿＿＿	いたす	後片付けは、私がいたします。
聞く	伺う・承《うけたまわ》る	土地の古老からお話を＿＿＿＿。
見る	＿＿＿＿	見事なバラを拝見する。
もらう	いただく・頂戴《ちょうだい》する	お隣《となり》から、いつもお土産《みやげ》をいただく。
知る・思う	存じる(存ずる)	私はよく存じません。

「拝聴《はいちょう》する」という言い方もある。

ミス注意!

尊敬語
他の人の動作
「お(ご)～になる」
例 校長先生が、式の開始をお待ちになる。

謙譲語
自分(側)の動作
「お(ご)～する」
例 生徒が、校長先生の到着《とうちゃく》をお待ちする。

ミス注意!

共通する謙譲語
行く・来る・聞く → 伺う
食べる・飲む・もらう → いただく

月　日

●特定の名詞に付く謙譲の接頭語・接尾語《せつびご》を使った表現

接頭語 例 愚息《ぐそく》・拙宅《せったく》・粗品《そしな》・弊社《へいしゃ》
接尾語 例 私ども・私め

(2) 丁寧語《ていねいご》

◎丁寧語とは…話の聞き手（読み手）に対する、＿＿な言い方。

◎丁寧語の表現のしかた

●丁寧の助動詞「です」「＿＿」を使う表現

●「～（で）ございます」を使う表現

例 私は中学校の生徒です。　図書館は、夜九時まで開いてい＿＿。
こちらが国宝の松本城《まつもとじょう》で＿＿。

●美化語…名詞に接頭語「お」「ご」を付けて、丁寧に表現した語。

例 お菓子《かし》・お金・お寺・お箸《はし》・＿＿水　＿＿飯・ごちそう

(3) 敬語は、「尊敬語＋丁寧語」「謙譲語＋丁寧語」で使うことが多い。

例 いつ準備をなさるのですか。（尊敬語）（丁寧語）　私のほうから、そちらに参ります。（＿＿語）（＿＿語）

粗茶でございます。

いつ出発の準備をなさるのですか！

ミス注意！
謙譲語の重複はよくない。
例 ×先生の作品を拝見させていただく。
○先生の作品を拝見する。

詳しく！
「ございます」は「ある（＝存在する）」の丁寧語でもある。
例 当店には、大きいサイズの服もございます。

詳しく！
尊敬語の「お」「ご」
↓相手への敬意を表す。
美化語の「お」「ご」
↓特定の人への敬意ではない。
やわらかく丁寧に表現しているだけ。

確認テスト⑤

●目標時間：30分 ●100点満点 ●答えは別冊20ページ

／100

1 敬語について、次の各問いに答えなさい。

〈(1)は2点×3、(6)は5点×2、他は4点×21〉

(1) 次の各文の――線部に使われている敬語の種類をあとから選び、記号で答えなさい。

① 今月は祝日が二日あります。 〔　　〕

② 私のほうからそちらに伺《うかが》います。 〔　　〕

③ チケットは窓口でお求めになってください。 〔　　〕

ア 尊敬語　**イ** 謙譲語《けんじょうご》　**ウ** 丁寧語《ていねいご》

(2) 重要 次の各文の――線部を、Ⓐは助動詞「れる・られる」を使って、Ⓘは「お（ご）～になる」という言い方を使って、尊敬の表現に書き直しなさい。

① 先生が修学旅行について説明する。

Ⓐ〔　　〕 Ⓘ〔　　〕

② お客様が帰ったようだ。

Ⓐ〔　　〕 Ⓘ〔　　〕

(3) 重要 次の各文の――線部を、「お（ご）～する」という言い方を使って、謙譲の表現を含《ふく》んだ言い方に書き直しなさい。

① 先生には私が伝えよう。 〔　　〕

② 明日、こちらから連絡《れんらく》します。 〔　　〕

③ 皆《みな》さんに知らせることがあります。 〔　　〕

(4) 次の各文の――線部を丁寧語に書き直しなさい。

① 婦人服売り場は三階だ。 〔　　〕

② 僕《ぼく》は先に行っているよ。 〔　　〕

③ 地球温暖化の原因は何だろう。 〔　　〕

(5) **重要** 次は、特別な尊敬の動詞と、特別な謙譲の動詞を表にしたものです。（　）①〜⑧に当てはまる動詞を答えなさい。（漢字で書けるものは漢字で答えること。）

普通《ふつう》の言い方	尊敬語	謙譲語
行く・来る	（①）・おいでになる	（②）・伺う
言う・話す	おっしゃる	（③）・申し上げる
聞く	／	（④）・承《うけたまわ》る
食べる・飲む	召《め》し上がる	（⑤）
（⑥）	なさる	いたす
見る	（⑦）	拝見する
もらう	／	いただく・頂戴《ちょうだい》する
くれる	（⑧）	／
いる	いらっしゃる	／

①〔　　〕　②〔　　〕

③〔　　〕　④〔　　〕

⑤〔　　〕　⑥〔　　〕

⑦〔　　〕　⑧〔　　〕

(6) 次の各文には、敬語の使い方に不適切な部分があります。適切な敬語表現を使った文に書き直しなさい。

① お客様、すみませんが少々お待ちしてください。

〔　　〕

② 私のお父さんが先生の話を聞くそうです。

〔　　〕

(7) 次の各組から、敬語の使い方に不適切な部分があるものを選び、記号で答えなさい。

①
ア 弊社《へいしゃ》の新製品をご紹介《しょうかい》します。
イ こちらにお名前をお書きになってください。
ウ お客様、ご注文は何にいたしますか。

〔　　〕

②
ア 高僧《こうそう》の説法をお聞きして感銘《かんめい》を受けた。
イ 先生は私の作品を拝見した。
ウ お客様を応接室にご案内する。

〔　　〕

③
ア お母様は、おいくつでいらっしゃいますか。
イ 母が今月の小遣《こづか》いをくださった。
ウ 恩師から励《はげ》ましのお手紙をいただいた。

〔　　〕

1 竹取物語《たけとりものがたり》

(1)『竹取物語』とは

◎作者…（　　）。仮名《かな》書きの文章を書く力のある、教養の高い人物だと考えられている。

◎成立…（　　）時代前期。（九世紀末から十世紀の初め頃《ごろ》。）

◎内容…日本で最も古い（　　）物語。（　　）の中から生まれた（　　）が成長し、多くの貴公子に求婚《きゅうこん》されながらも、満月の夜に（　　）の世界に帰ってしまうまでを描《えが》いている。

◎主な話題

●「かぐや姫《ひめ》の生《お》い立ち」…かぐや姫は、（　　）の翁《おきな》に発見され、あっという間に成長する。

●「貴公子たちの求婚」…五人の貴公子がかぐや姫に求婚する。しかし、かぐや姫に難題を突《つ》き付けられ、みな失敗してしまう。帝《みかど》（天皇）も姫に思いを寄せる。

●「月の世界に帰る」…かぐや姫は帝からの求婚も断り、月の世界に帰る。悲しみに暮れる帝は、かぐや姫の残した手紙と「不死の薬」を（　　）の頂上で焼かせる。

読解ポイント

●歴史的仮名遣《づか》い

★語頭以外の「は・ひ・ふ・へ・ほ」は、「（　　）」と読む。

例 おはす→おわす　とひ（問ひ）→とい　いふ（言ふ）→いう

かへす（返す）→かえす　おほし（多し）→おおし

★「ゐ・ゑ・を」は「（　　）」と読む。

例 ゐる→いる　こゑ（声）→こえ　をとこ（男）→おとこ

ミス注意！

「伝奇《でんき》物語」とは、不思議なことや空想的なことを書いた物語のこと。「伝奇」を「伝記」と書かないように注意。

私が出した難題とは、話でしか聞いたことのないような珍《めずら》しい品を持ってこさせることよ。

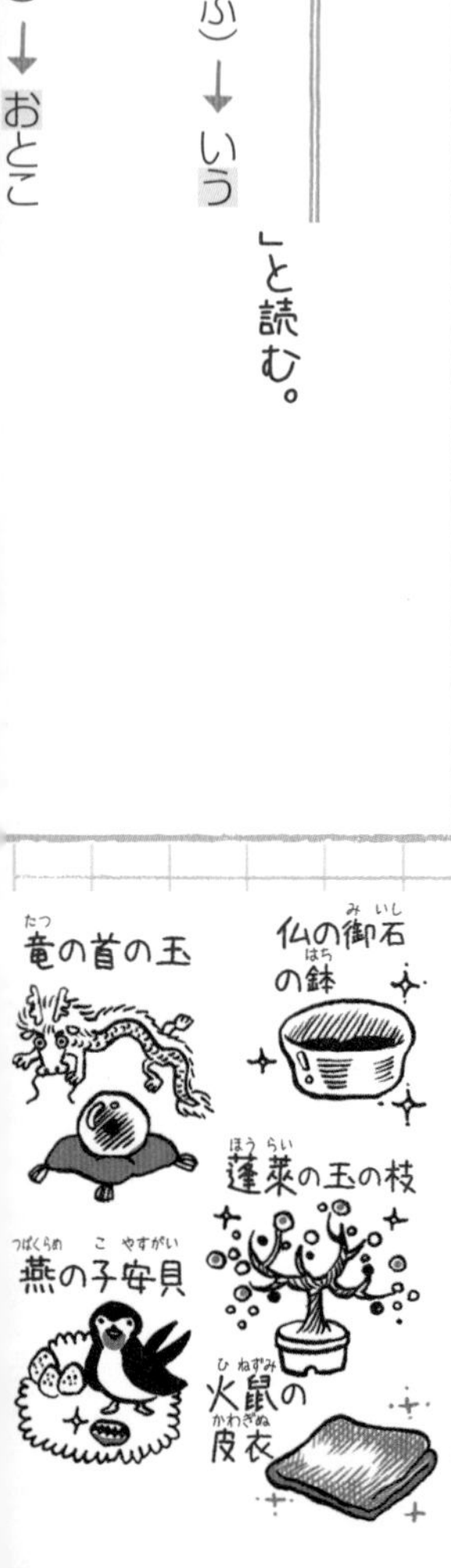

★「ぢ・づ」は「　　」、「くわ・ぐわ」は「　　」と読む。

例 なんぢ→なんじ　めづらし→めずらし　くわし(菓子)→かし

★「語中のau・iu・eu・ou」は、「　　」と読む。

例 まうす(申す)→もうす　ちうや(昼夜)→ちゅうや　れうり(料理)→りょうり

詳しく！
歴史的仮名遣いとは、古文で使われている仮名遣いのこと。

(2) 現代語訳と語句・文法

◆かぐや姫の生い立ち

今は昔、竹取《たけとり》の翁《おきな》といふ《ウ》ものありけり。野山にまじりて竹を取りつつ、よろづのことに使ひ《イ》けり。名をば、さぬきのみやつことなむいひ《イ》ける。

その竹の中に、もと光る竹なむ一筋ありける。あやしがりて、寄りて見るに、筒《つつ》の中光りたり。それを

語注：今は昔（のこと）／竹取の翁と（が）いふもの（よばれる）あり（い）けり（た）／まじりて（分け入っ）／取りつつ（取っては）／よろづの（いろいろな）／使ひけり（使った）／（現代仮名遣いに直す）／なむいひける（いった）［係り結び（強調）］／その竹の中に（ある日、）／もと（根元）（が）／光る竹（が）なむ一筋ありける（一本あった）［係り結び（強調）］／あやしがりて（不思議に思っ）／寄りて（近寄っ）／見るに（と）／筒の中（が）光りたり（光っている）

係り結びについては、▼P.73。

今は昔のこと、竹取の翁とよばれる者がいた。野山に　　　竹を取っては、いろいろなことに使った。名前を、さぬきのみやつこといった。(ある日、)その竹の中に、根元が光る竹が　　　。　　　、近寄って見ると、筒の中が光っている。それを見ると、三寸ほどであ

*あり…「存在する」という意味。古語では、人にも物にも「あり」を使う。

*けり…助動詞。過去を表し、「〜た」などと訳す。

重要古語

□あやしがる

→(　　)

□ばかり

→(　　)

見れば、三寸ばかりなる人、いとうつくしう《シュウ》てゐたり。

（一寸は約三・〇三センチメートル）

（見ると　ほど　である　が　とても　かわいらしい様子で　座っている）

◆くらもちの皇子《みこ》

これやわが求むる山ならむと思ひ《イ》て、さすがに恐《おそ》ろしく

（係り結び（疑問））（私の　探し求める　だろうか　思っ　やはり）

おぼえて、山のめぐりを、二、三日ばかり、

（思われ　周囲　こぎ回らせ　ほど）

見歩《みあり》くに、天人のよそほひしたる女、山の中よりいで来て、

（見て回っていると　を　身なり　が　ている　から　出て）

銀《しろかね》の金鋺《かなまる》を持ちて、水をくみ歩《あり》く。これを見て、船より下りて、

（おわん　持っ　くんで歩いている　私は　から）

「この山の名を何とか申す。」と問ふ《ウ》。女、答へ《エ》ていはく、

（係り結び（疑問））（は　何と言うのですか　が　言うことには）

「これは、蓬莱《ほうらい》の山なり。」と答《こた》ふ《ウ》。

（です　答える）

る人が、とても＿＿＿＿様子で座《すわ》ってい

る。

これが私の探し求める山だろうかと思って、や

はり＿＿＿＿、山の周囲をこぎ回ら

せて、二、三日ほど見て回っていると、天人の

＿＿＿＿をしている女が、山の中から出てきて、銀の

おわんを持って、水をくんで歩いている。これを見

て、(私は)船から下りて、「この山の名は何と言う

のですか。」と尋《たず》ねる。女が答えて＿＿＿＿

、「これは、蓬莱の山です。」と答える。

重要古語

□いと →（　　）

□うつくし →（　　）

重要古語

□さすがに →（　　）

□おぼゆ →（　　）

□いはく →（　　）

この場面は、私、くらもちの皇子が、かぐや姫《ひめ》にうその体験を語っているところだよ。

月　日

これを聞くに、（私は）うれしきこと＿＿＿＿。
（と　うれしい　この上ない）

その山、（は）見るに、さらに登るべきやう《ヨウ》なし。（が）その山の
（と　全く　ことができる　方法　ない）

そばひらをめぐれば、世の中になき（ような）花の木ども（が）立てり。
（周囲　回る　と　この世　ない　木々　立っている）

金《こがね》・銀《しろかね》・瑠璃《るり》色《いろ》の水、（が）山より流れいでたり。*それには、色々
（から　出ている）

の玉の橋（が）渡《わた》せり。そのあたりに、照り輝《かかや》く木ども（が）立てり。
（かかっている　光り輝く　木々　立っている）

その中に、この取りてまう《モウ》で来たりし（もの）は、いとわろかり
（で　取っ　まいっ　た　とても　よくなかっ）

＿＿＿＿

しかども、（姫が）のたまひ《イ》し（もの）に違《たが》はましかばと、この花を折りて
（たけれども　おっしゃっ　た　と　違っていたなら（いけないだろう）　折っ）

＿＿＿＿

「＿＿＿＿」

まうで来たるなり。
（まいっ　た　のである）

これを聞くと、（私は）うれしいことこの上ない。

その山は、見ると、＿＿＿＿登ることができる方法がない。その山の周囲を回ると、この世の中にないような花の木々が立っている。金・銀・瑠璃色の水が、山から＿＿＿＿。それには、色々の玉の橋がかかっている。そのあたりに、光り輝《かがや》く木々が立っている。

その中で、この取ってまいったものは、とても＿＿＿＿、（姫が）＿＿＿＿ものと違《ちが》っていたなら（いけないだろう）と、この花を折ってまいったのである。

重要古語

□さらに……なし
→（　　）

□わろし
→（　　）

□のたまふ
→（　　）

*たり…助動詞。
①動作・変化が続いていることを表す。「〜ている・〜てある」などと訳す。
②動作・変化の結果を表す。「〜た」などと訳す。

こんなに一生懸命《けんめい》話したのに、私のうそはばれてしまったんだ……。

確認テスト①

●目標時間：30分　●100点満点　●答えは別冊21ページ

／100

1 次の文章を読んで、あとの問題に答えなさい。

〈(1)は5点×3、(2)・(4)・(5)は7点×4、(3)・(6)は6点×2〉

今は昔、①竹取《たけとり》の翁《おきな》といaふもの（ア）②ありけり。野山にまじりて竹を取りつつ、bよろづのことに使ひけり。名をば、さぬきのみやつことなむいひける。

その竹の中に、もと光る竹なむ一筋③ありける。④あやしがりて、⑤寄りて見るに、筒《つつ》の中（イ）光りたり。それを見れば、三寸ばかりなる人（ウ）、⑥いとうつくしうてcゐたり。

(1) 重要 〰〰線部a～cの歴史的仮名遣《かなづか》いを、現代仮名遣いに直して書きなさい。

a［　　］　b［　　］　c［　　］

(2) 古文を現代語訳するとき、ア～ウの部分に共通して補える助詞を、平仮名一字で答えなさい。

□

(3) ――線部①「竹取の翁」は、何という名前ですか。文章中から書き抜《ぬ》きなさい。

［　　］

(4) 重要 ――線部②「ありけり」、③「ありける」の「あり」のうち、現代語の「いる」という意味で使われている「あり」は、どちらですか。番号で答えなさい。

［　　］

(5) ――線部④「あやしがりて」、⑥「いとうつくしうて」の現代語訳を書きなさい。

④［　　］

⑥［　　］

(6) ――線部⑤「寄りて見るに」の主語は、誰《だれ》ですか。文章中の言葉で答えなさい。

［　　］

2 次の文章を読んで、あとの問題に答えなさい。

〈(1)は5点×3、(2)~(5)は6点×5〉

かぐや姫《ひめ》に蓬莱《ほうらい》の玉の枝を持ってくるように言われたくらもちの皇子《みこ》は、探しに行くふりをして、職人にそれらしいものを作らせ、いかにも探し当てたかのようにして、かぐや姫のところに持っていった。
　この文章は、くらもちの皇子が、自分の冒険談《ぼうけんだん》(作り話)をかぐや姫に聞かせている部分である。

　これやわが求むる山ならむ[a]と思ひて、さすがに恐《おそ》ろしくおぼえて、山のめぐりをさしめぐらして、二、三日ばかり、見歩《みあり》くに、天人のよそほひしたる女、山の中よりいで来て、銀《しろかね》の金鋺《かなまる》を持ちて、水をくみ歩《あり》く。これを見て、船より下りて、①「この山の名を何とか申す。」と問ふ[b]。②女、答へていはく[c]、「これは、蓬莱の山なり。」と答ふ。これを聞くに、③うれしきことかぎりなし。
　その山、④見るに、さらに登るべきやうなし。その山のそばひらをめぐれば、世の中になき花の木ども立てり。金《こがね》・銀《しろかね》・瑠璃色《るりいろ》の水、山より流れいでたり。それには、色々の玉の橋渡《わた》せり。そのあたりに、照り輝《かかや》く木ども立てり。
　その中に、この取りてまうで来たりしは、いとわろかりしかども、⑤のたまひしに違《たが》はましかばと、この花を折りてまうで来たるなり。

(1) ～～線部a～cの歴史的仮名遣いを、現代仮名遣いに直して、全て平仮名で書きなさい。

a〔　　〕　b〔　　〕　c〔　　〕

(2) 重要 ——線部①「この山の名を何とか申す。」の現代語訳として適切なものを、次から選び、記号で答えなさい。

ア この山の名を何とかして知りたい。
イ この山の名は何と言うのですか。
ウ この山を何という名で呼ぼうか。

〔　　〕

(3) ——線部②「女」とは、どんな女ですか。文章中から十一字で書き抜きなさい。

□□□□□□□□□□□

(4) 重要 ——線部③「うれしきことかぎりなし」の理由として適切なものを、次から選び、記号で答えなさい。

ア 女が、よそ者の自分の問いに答えてくれたから。
イ 珍《めずら》しい名前の山を見つけたことがわかったから。
ウ 探していた山にたどり着いたことがわかったから。

〔　　〕

(5) ——線部④・⑤の主語は、誰(何)ですか。次からそれぞれ選び、記号で答えなさい。

ア 水をくんでいた女
イ かぐや姫
ウ くらもちの皇子

④〔　　〕　⑤〔　　〕

2 枕草子《まくらのそうし》

(1)『枕草子』とは

◎筆者…

。父は、歌人で『後撰和歌集《ごせんわかしゅう》』の撰者《せんじゃ》の一人

。幼い頃《ころ》から和歌や漢詩など、深い教養を身につけた。二十代後半から約八年間、一条天皇《いちじょう》の中宮《ちゅうぐう》に仕えた。『枕草子』を書いたのは、定子《ていし》のすばらしさをたたえるためだと考えられている。

詳しく!
当時は、仮名《かな》文化の普及《ふきゅう》の影響《えいきょう》もあり、宮廷《きゅうてい》を中心とした女流文学が盛《さか》んだった。
同時代の有名な女流作家には、『源氏物語《げんじものがたり》』を書いた紫式部《むらさきしきぶ》がいる。

ライバルは紫式部なんてよく言われるわ。でも紫式部が宮仕えするようになったのは、私が辞《や》めてからなのよ。

◎成立… 時代中期。（十世紀末から十一世紀の初め頃。）

◎内容…長短合わせて約三百の段から成る 集。女性らしい鋭《するど》い感覚と、知的で冷静なものの見方で、体験したことや見聞きしたことを描《えが》いている。また、自然の様子を細やかに観察し、独自の感性を生かして、鮮明《せんめい》に描いている。

◎主な内容

●日記的な内容…宮中や貴族の屋敷《やしき》などでの出来事や見聞を書いたもの。

例「香炉峰《こうろほう》の雪」

●「ものづくし」…同じ種類のものを集めて並べ挙げたもの。

例「うつくしきもの」

「すさまじきもの」や「にくきもの」のように、気に入らないものも並べ挙げてみたわ。フッ。

●随想的《ずいそうてき》な内容…行事や自然・人間などについて、独自の感覚で述べたもの。

例「春はあけぼの」

読解ポイント

①言葉…「をかし」と「あはれなり」の違《ちが》いを理解する。

★「興味深い」「風情《ふぜい》がある」＝「　　」

★「深く身にしみる」「しみじみとした趣《おもむき》がある」＝「　　」

②表現

★助詞の省略が多い。→省略された助詞に注意して読み取る。

例 雨など　　降るもをかし。

例 山の端《は》　　いと近《ちか》うなりたるに……

例 虫の音《ね》など　　、はた言ふべきにあらず。

★体言止めが多い。→省略された助詞や　　　を補って読み取る。

例 春はあけぼのがをかし。

詳しく！
「をかし」は、理性的に「よい」と判断したときに使う。
「あはれなり」は、感情的にしみじみと「よい」と感じたときに使う。

体言止めの場合は、助詞も述語も省略されていることがあるので、注意。

(2) 現代語訳と語句・文法

◆春はあけぼの

春はあけぼの。（がすばらしい）やうやう白くなりゆく山ぎは《ワ》、（が）すこしあかりて、　　　雲のほそくたなびきたる。（のがよい）

明け方　だんだんと　なって　空の、山に接する部分　明るくなっ　紫がかっ　ている　が　たなびい　ている

春は明け方が　　　。だんだんと白くなっていく、空の、山に接する部分が、少し　　なって、紫《むらさき》がかっている雲が細くたなびいているのがよい。

重要古語

□やうやう
→（　　）

□山ぎは
→（　　）

夏は（がすばらしい）。月のころはさらなり、やみもなほ、蛍《ほたる》の多く
（言うまでもなく　やはり　が）

（のがよい）（飛びかっ　ている）

。また、ただ一つ二つなど、ほのかに（蛍が）

うち光りて行くもをかし《オ》（の）。雨（が）など降る（の）もをかし《オ》。
（光りながら　風情がある　風情がある）

秋は（がすばらしい）夕暮れ。夕日のさして山の端《は》（に）いと近《ちか》う《コウ》なりたるに（頃《ころ》）、
（が　山の、空に接している部分　とても　近く　なっ　た）

烏《からす》の寝《ね》どころへ行くとて、三《み》つ四《よ》つ、二つ三つなど、
（が　ねぐら　帰ろうとして　三羽四羽　二羽三羽）

飛びいそぐさへあはれ《ワ》なり。まいて雁《かり》などのつらねたるが（の）、
（急いで飛ぶ（様子）　までも　しみじみとした趣がある　まして　が　列をなし　ている）

いと小さく見ゆる（の）はいとをかし《オ》。
（とても　見える　とても　風情がある）

夏は夜がすばらしい。月の（出ている）頃《ころ》は　　　闇夜《やみよ》もやはり、蛍が多く飛びかっているのがよい。また、（蛍が）ただ一匹《ぴき》二匹など、ほのかに　　　風情《ふぜい》がある。雨などが降るのも風情がある。

秋は夕暮れがすばらしい。夕日が差して、山の、空に接している部分にとても近くなった頃に、烏がねぐらへ　　　、三羽四羽、二羽三羽など、急いで飛ぶ様子までもしみじみとした趣《おもむき》がある。まして雁などが列をなしているのが、とても小さく見えるのはとても風情がある。

重要古語

- □さらなり（　　　）
- □なほ（　　　）
- □をかし（　　　）
- □山の端（　　　）
- □あはれなり（　　　）

この時代、例えば春ならまず花が挙げられるところを、私自身のセレクトで、明け方にしたの。

日入りはてて、風の音《おと》、虫の音《ね》など、はたいふ《ウ》べきにあらず。

（日が すっかり沈んで ／ が聞こえるのは ／ また ／ 言いようも ／ ない）

冬は［　　］。雪の降りたるはいふべきにもあらず、

（早朝 ／ がすばらしい ／ の ／ が 降っ ている ／ 言いようも なく）

霜《しも》のいと白きも、またさらでもいと寒きに、火など

（が とても 白い ／ の ／ そうでなくても とても ／ 朝 ／ を）

急ぎおこして、炭もて渡《わた》るも［　　］。昼に

（急いで ／ を ／ 持って 運ぶ ／ の ／ 冬の朝に ／ とても 似つかわしい）

なりて、ぬるくゆるびもていけば、火桶《ひをけ》の火も白き灰がちに

（なっ ／ 暖かくなり ／ 寒さが ／ ゆるんでいくと ／ 白い 灰ばかり）

なりてわろし。

（なっ ／ よくない）

〈第一段〉

日がすっかり沈《しず》んで、風の音や虫の音などが聞こえるのは、［　　］。

冬は早朝がすばらしい。雪が降っているのは言いようもなく、霜がとても白いのも、またそうでなくてもとても寒い朝に、火などを［　　］、炭を持って運ぶのも（冬の朝に）とても似つかわしい。昼になって、暖かくなり（寒さが）ゆるんでいくと、火桶の火も［　　］

［　　］。

「つとめて」や「つきづきし」のように、現代語にはない言葉の意味は、しっかり覚えておく。

重要古語

- □つとめて →（　　）
- □さらでも →（　　）
- □つきづきし →（　　）
- □わろし →（　　）

確認テスト②

●目標時間：30分　●100点満点　●答えは別冊21ページ

／100

1 次の文章を読んで、あとの問題に答えなさい。

〈(1)は5点×3、(2)・(4)は6点×4、(3)・(5)・(6)は7点×3〉

春はあけぼの。ａやうやう白くなりゆく①山ぎは、すこしあかりて、②紫《むらさき》だちたる雲のほそくたなびきたる。

夏は夜。月のころは③さらなり、やみもｂなほ、④蛍《ほたる》の多く飛びちがひたる。また、⑤ただ一つ二つなど、ほのかにうち光りて行くも⑥をかし。雨など降るもをかし。

秋は夕暮れ。夕日のさして山の端《は》いと近《ちか》うなりたるに、烏《からす》の寝《ね》どころへ行くとて、三《み》つ四《よ》つ、二つ三つなど、⑦飛びいそぐｃさへあはれなり。まいて雁《かり》などのつらねたるが、いと小さく見ゆるはいとをかし。日入りはてて、風の音《おと》、虫の音《ね》など、はたいふべきにあらず。

冬はつとめて。雪の降りたるはいふべきにもあらず、霜《しも》のいと白きも、またさらでもいと寒きに、火など急ぎおこして、炭もて渡る⑧もいとつきづきし。昼になりて、ぬるくゆるびもていけば、火桶《ひをけ》の火も白き灰がちになりてわろし。

（第一段）

(1) 〰〰線部ａ～ｃの歴史的仮名遣《かなづか》いを、現代仮名遣いに直して書きなさい。

ａ［　　　］　ｂ［　　　］　ｃ［　　　］

(2) ——線部①「山ぎは」、③「さらなり」の現代語訳として適切なものを、次から選び、記号で答えなさい。

①
- ア　空の、山に接している部分
- イ　山の、空に接している部分
- ウ　山より少し上の空の部分

［　　］

③
- ア　それほどでもない
- イ　言うまでもない
- ウ　よくわからない

［　　］

(3) 重要　——線部②「紫だちたる雲のほそくたなびきたる」、④「蛍の多く飛びちがひたる」のあとに共通して補える言葉を、文章中から三字で書き抜《ぬ》きなさい。

［　　　］

(4) ——線部⑤「ただ一つ二つなど、ほのかにうち光りて行く」、⑦「飛びいそぐ」の主語は、何ですか。文章中から書き抜きなさい。

⑤〔　　〕　⑦〔　　〕

(5) **重要** ——線部⑥「をかし」と比べて、よりしみじみと感じたときの気持ちを表す言葉を、文章中から書き抜きなさい。

〔　　〕

(6) ——線部⑧「いとつきづきし」の解釈《かいしゃく》として適切なものを、次から選び、記号で答えなさい。

ア 冬の朝にはよくあることだ
イ 実に冬の早朝にふさわしい
ウ ますます冬の寒さが感じられる

〔　　〕

2 次の文章を読んで、あとの問題に答えなさい。

〈(1)は5点×3、(2)は6点×3、(3)は7点〉

①うつくしきもの。瓜《うり》に描《か》きたるちごの顔。雀《すずめ》の子の、ねず鳴きするに踊《をど》り来る。二つ三つばかりなるちごの、急ぎてa這《は》ひ来る道に、いと小さき塵《ちり》のありけるを、目ざとに見つけて、いとをかしげなるb指《および》にとらへて、大人ごとに②見せたる、いとうつくし。頭《かしら》は尼《あま》そぎなるちごの、目に髪《かみ》のcおほへるを③かきはやらで、うち傾《かたぶ》きて物など見たるも、うつくし。

（第百四十五段）

(1) 〰線部a〜cの歴史的仮名遣いを、現代仮名遣いに直して、全て平仮名で書きなさい。

a〔　　〕　b〔　　〕　c〔　　〕

(2) ——線部①「うつくしきもの」、②「見せたる」、③「かきはやらで」の現代語訳として適切なものを、次から選び、記号で答えなさい。

①
ア 美しいもの
イ かわいらしいもの
ウ 趣《おもむき》深いもの

〔　　〕

②
ア 見せているのは
イ 見せているので
ウ 見せるためには

〔　　〕

③
ア かきあげようとして
イ かきあげもしないで
ウ かきあげたので

〔　　〕

(3) **重要** 筆者は、どのようなものを「うつくし」と感じていますか。適切なものを次から選び、記号で答えなさい。

ア か細く、弱々しくて繊細《せんさい》なもの。
イ あどけなく、小さくて愛らしいもの。
ウ 美しく、優雅《ゆうが》で立派なもの。

〔　　〕

3 平家物語《へいけものがたり》

(1)『平家物語』とは

●作者…＿＿＿＿。信濃前司行長《しなののぜんじゆきなが》という説もある。

●成立……＿＿＿＿時代前期から中期。（十三世紀前半。）

●内容…＿＿＿＿物語。栄華《えいが》を極《きわ》めた＿＿＿＿が、源氏《げんじ》との戦いに敗れて都を追われ、壇《だん》の浦《うら》の戦いで滅《めつ》亡《ぼう》するまでを描《えが》く。基調となるのは仏教の＿＿＿＿。

●主な内容

●「祇園精舎《ぎおんしょうじゃ》」…『平家物語』の冒頭《ぼうとう》の文章。どんなに栄華を極めても、それは永遠に続くことはなく、必ず滅《ほろ》びるものだという無常観が表されている。

●「敦盛《あつもり》の最期《さいご》」…平家の若武者＿＿＿＿の首をとろうとした源氏の武将、熊谷次郎直実《くまがえのじろうなおざね》の気持ちの変化と葛藤《かっとう》が描かれている。

●「扇《おうぎ》の的《まと》（那須与一《なすのよいち》）」…海上の場面の美しさと、源平が敵対する緊張感《きんちょうかん》と共に、台頭する＿＿＿＿と、滅びゆく平家との違《ちが》いが描かれている。

読解ポイント

①文体…なめらかな和文体と力強い漢文訓読体を交えた＿＿＿＿文で書かれており、簡潔で力強く、調子のよい響《ひび》きの文章である。また、＿＿＿＿調を基本としたリズムがある。

琵琶法師《びわほうし》が、琵琶の伴奏《ばんそう》に合わせて語る語り物として、全国に広まった。琵琶法師が語る『平家物語』は平《へい》曲《きょく》とよばれる。

琵琶法師というのは、お坊《ぼう》さんの姿をして、琵琶を弾《ひ》きながら語る芸能者のことさ。

詳しく！

『平家物語』の舞台《ぶたい》となった平安《へいあん》時代後期から鎌倉《かまくら》時代にかけては、戦乱、飢饉《ききん》や疫病《えきびょう》が続いた。命の危険におびやかされる世の中であったために、無常観が広まった。

月　日

②表現技法

★ ＿＿＿が多い。→調子の似通っている部分を探そう。

例 沖には平家、舟《ふね》を一面に並べて見物す。↕ 陸《くが》には＿＿＿、くつばみを並べてこれを見る。

★ 擬声語《ぎせいご》や＿＿＿が多い。→音や様子を表す表現を探そう。

例 ひやうど…擬声語　さつと…擬態語

「ひやうど」は、矢が飛んでいくときの音を表している。

(2) 現代語訳と語句・文法

◆祇園精舎

祇園精舎《ぎをんしやうじや》の鐘《かね》の声、諸行無常《しよぎやうむじやう》の響《ひび》きあり。＊沙羅双樹《しやらさうじゆ》の花の色、盛者必衰《じやうしやひつすい》の理《ことわり》をあらはす。おごれる人も久しからず、ただ＿＿＿。たけき者もつひには滅《ほろ》びぬ、ひとへに風の前の塵《ちり》に同じ。

（インドにあった寺の名／音／には／が／ある／は／道理／示している／権力をもって／得意になっている／長くは続かず／その繁栄は／まるで／よう(にはかないもの)だ／勢いが盛んな／最後には／滅んでしまう／それもまた／全く／と／ように、吹けば飛ぶようなものだ）

祇園精舎の鐘の音には、諸行無常の響きがある。沙羅双樹の花の色は、盛者必衰の道理を＿＿＿。(権力をもって)得意になっている人も＿＿＿、(その繁栄《はんえい》は)まるで春の夜の＿＿＿のよう(にはかないもの)だ。勢いが盛《さか》んな者も最後には滅んでしまう、(それもまた)全く風の前の塵と同じ(ように、吹《ふ》けば飛ぶようなもの)だ。

＊諸行無常…この世の全てのものは、みな移り変わり、同じ状態でとどまることはないこと。

＊沙羅双樹…釈迦《しゃか》の死の床《とこ》のそばにあった木の名。釈迦の死を悲しみ、白くなったという。

重要古語

□ただ……ごとし
↓ ＿＿＿

詳しく!
対句法《ついくほう》は、類義語や対義語を似た構成で並べて、文にリズムを与《あた》えたり意味を強調したりする技法のこと。

敦盛《あつもり》の最期《さいご》

熊谷次郎直実《くまがえのじろうなおざね》が若武者を取り押《お》さえ、首を取ろうとして顔を見ると、我《わ》が子の小次郎《こじろう》と同じ十六、七くらいの、立派な若武者であった。直実は、この人を討《う》ったところで戦《いくさ》の勝ち負けには影響《えいきょう》しないと考えた。

「小次郎が薄手《うすで》負うたるをだに、直実は心苦しう《シュウ》こそ思ふ《ウ》に、この殿《との》の父、と聞いて、いかばかりか嘆《なげ》きたまは《ワ》んずらん。あは《ワ》れ助けたてまつらばや。」と思ひて、後ろをきつ《キッ》と見ければ、土肥《とひ》《イ》、梶原《かぢはら》《ジワ》五十騎《き》ばかりでつづいたり。熊谷涙《なだ》をおさへ《エ》て申しけるは、「助けまゐ《イ》らせんとは存《ぞん》じ候《さうら》《ソウ》へ《エ》ども、味方の軍兵《ぐんびやう》《ビョウ》、雲霞《うんか》の

（を）（こと）（は）（が）（ことに）（が）

軽い傷　負っ　た　さえ　つらく／のに／た／どれほど／お嘆きになることだろうか／係り結び（疑問）／ああ　お助け申し上げ／たい　思っ　さっと　た　ところ／ほど　ている／た／お助け申し上げ　よう／思い　ます　けれども／軍勢　雲やかすみ

係り結びについては、▶P.73で。

「小次郎が軽い傷を負ったことをさえ、直実は＿＿＿＿、この殿の父は、討たれたと聞いて、どれほどお嘆きになることだろうか。ああ、お助け申し上げたい。」と思って、後ろをさっと見たところ、土肥、梶原など五十騎ほどが続いている。熊谷が涙をおさえて＿＿＿＿、「お助け申し上げようとは思いますけれども、味方の軍勢が、雲やかすみのようにおります。

＊たまふ…ここでは補助動詞。尊敬語で、「お〜になる・〜なさる」と訳す。

＊たてまつる・まゐらす…ここでは補助動詞。謙譲語《けんじょうご》で、「お〜(し)申し上げる」と訳す。

＊候ふ
①本動詞の場合は、「おります・あります」と訳す。
②補助動詞の場合は、丁寧語《ていねいご》で、「〜です・ます・ございます」と訳す。

重要古語
□だに →（　　）
□きつと →（　　）
□ばかり →（　　）

ごとく候《さうら》ふ。よものがれさせたまはじ。人手に
（ように　おります　決して　お逃げになれないでしょう　他人の手）

かけまゐらせんより、同じくは、直実が手にかけまゐらせて、
（おかけ申し上げよう〔というの〕　同じことなら　の　申し上げ）

後《のち》の御孝養《おんけうやう》をこそつかまつり候はめ。」と申しければ、
（〔あなたの〕死後　御供養　して差し上げ　ましょう　た　ところ）（係り結び（強調））

「ただとくとく首をとれ。」とぞのたまひける。熊谷あまりに
（早く早く　おっしゃった）（係り結び（強調））（〔は〕）

いとほしくて、いづくに刀を立つべしともおぼえず、目も
（かわいそうで　どこ　突き立てたらよいか　わから　ず）

くれ心も＿＿＿、前後不覚におぼえけれども、さて
（くらみ　なくなってしまっ　思われ　た　が　そうして）

しもあるべきことならねば、泣く泣く首をぞかいてんげる。
（ばかりも　い　られる　ではない　ので　〔若武者の〕　切ってしまった）（係り結び（強調））

＿＿＿。他人の手におかけ申し上げようというのより、同じことなら、直実の手におかけ申し上げて、（あなたの）死後の御供養《ごくよう》をして差し上げましょう。」と申したところ、「ただ早く早く首をとれ。」とおっしゃった。熊谷はあまりにかわいそうで、どこに刀を突《つ》き立てたらよいかともわからず、＿＿＿心もなくなってしまって、前後不覚に思われたが、そうしてばかりもいられることではないので、泣く泣く（若武者の）首を切ってしまった。

重要古語

□よも
→（　　　）

□のたまふ
→（　　　）

□いとほし
→（　　　）

自分の息子《むすこ》と同じくらいの年齢《ねんれい》の若武者を殺さねばならないなんて、戦乱の世はむなしいものだ……。

確認テスト③

●目標時間：30分 ●100点満点 ●答えは別冊22ページ

/100

1 次の文章を読んで、あとの問題に答えなさい。

〈(1)・(2)は6点×4、(3)・(4)は7点×2〉

「小次郎*《こじらう》が薄手《うすで》負うたるをだに、直実《なほざね》は①心苦しうこそ思ふに、この殿《との》の父、討《う》たれぬと聞いて、いかばかりか嘆《なげ》きたまはんずらん。aあはれ助けたてまつらばや。」と思ひて、後ろを②きつと見ければ、土肥《とひ》、梶原《かぢはら》五十騎《き》ばかりでつづいたり。熊谷《くまがへ》涙《なみだ》をおさへて申しけるは、「③助けまゐらせんとは存《ぞん》じ候《さうら》へども、味方の軍兵《ぐんぴやう》、雲霞《うんか》のごとく候《さうら》ふ。④よものがれさせたまはじ。人手にbかけまゐらせんより、同じくは、直実が手にかけまゐらせて、後《のち》の御孝養《おんけうやう》をこそつかまつり候はめ。」と申しければ、「ただとくとく首をとれ。」とぞのたまひける。熊谷あまりにいとほしくて、いづくに刀を立つべしともおぼえず、目もくれ心も消えはてて、前後不覚におぼえけれども、さてしもあるべきことならねば、泣く泣く首をぞかいてんげる。

（「敦盛《あつもり》の最期《さいご》」）

*小次郎…熊谷直実の息子《むすこ》。

(1) 〰〰線部a・bの歴史的仮名遣《かなづか》いを、現代仮名遣いに直して書きなさい。

a［　　］ b［　　］

(2) ――線部①「心苦しうこそ思ふに」、④「よものがれさせたまはじ。」の現代語訳を書きなさい。

①［　　］

④［　　］

(3) ――線部②「きつと」は擬態語《ぎたいご》ですが、ここではどんな様子を表しますか。適切なものを次から選び、記号で答えなさい。

ア 口調が厳しい様子。
イ 動きがすばやい様子。
ウ 身振《みぶ》りが大げさな様子。

［　　］

(4) 重要 ――線部③「助けまゐらせん」とありますが、熊谷が「この殿（若武者）」を助けようと思ったのはなぜですか。適切なものを次から選び、記号で答えなさい。

ア 自分よりずっと身分が高く、武士として立派な態度だったから。
イ 自分の息子の小次郎と重ねて、若武者の父の気持ちを想像したから。
ウ どこに刀を立てればよいかわからないほど、美しい顔立ちだったから。

［　　］

2 次の文章を読んで、あとの問題に答えなさい。

〈(1)〜(3)は6点×8、(4)は7点×2（各完答）〉

〔平家《へいけ》は舟《ふね》を浮《う》かべて海上に逃《のが》れ、陸にいる源氏《げんじ》と相対していた。日暮れを迎《むか》えた頃《ころ》、平家の舟が岸に近づき、中にいた女官《にょかん》が扇《おうぎ》を竿《さお》の先に付けて舟端《ふなばた》に立て、「この扇を射落としてみよ。」というように手招きした。源義経《みなもとのよしつね》は、那須与一《なすのよいち》という若者に、扇を射落とすよう命じた。〕

与一、かぶらを取つてaつがひ、よつぴいてひやうど放つ。小兵《こひやう》といふぢやう、十二束三伏《そくみつぶせ》、弓は強し、浦響《うらひび》くほど長鳴りして、あやまたず扇の要《かなめ》ぎは一寸ばかりおいて、ひいふつとぞ射切つたる。かぶらは海へ入りければ、扇は空へぞ上がりける。①しばしは虚空《こくう》にひらめきけるが、春風に一《ひと》もみ二《ふた》もみもまれて、海へさつとぞ散つたりける。夕日のかかやいたるに、みな紅《ぐれなゐ》の扇の日出《い》だしたるが、白波の上に漂《ただよ》ひ、浮《う》きぬ沈《しづ》みぬ揺《ゆ》られければ、沖には平家、ふなばたをたたいて感じたり、陸《くが》には源氏、えびらをたたいてどよめきけり。

あまりのおもしろさに、②感に堪《た》へざるにやとおぼしくて、舟のうちより、年五十ばかりなる男《をのこ》の、黒革《くろかは》をどしの鎧《よろひ》着て、白柄《しらえ》の長刀《なぎなた》持つたるが、扇立てたりける所に立つて舞《ま》ひしめたり。伊勢三郎義盛《いせのさぶらうよしもり》、与一が後ろへ歩ませ寄つて、

「御定《ごぢやう》ぞ、つかまつれ。」

と言ひければ、今度は中差《なかざし》取つてbうちくはせ、よつぴいて、しや頸《くび》の骨をひやうふつと射て、舟底へ逆さまに射倒《いたふ》す。平家の方《かた》には音もせず、源氏の方にはまたえびらをたたいてどよめきけり。

（「扇の的」）

---

(1) 〰〰線部a・bの歴史的仮名遣いを、現代仮名遣いに直して書きなさい。

a〔　　〕　b〔　　〕

(2) ——線部①「しばしは虚空にひらめきける」、②「感に堪へざるにや」の主語にあたるのは、誰《だれ》（何）ですか。次から選び、記号で答えなさい。

ア 那須与一　イ 年五十ばかりなる男

ウ かぶら　エ 扇

①〔　　〕　②〔　　〕

(3) 文章中から、擬声語・擬態語を四つ書き抜《ぬ》きなさい。

〔　　〕・〔　　〕・〔　　〕・〔　　〕

(4) 重要 文章中から、源氏と平家の様子を対句《ついく》表現を使って表している部分を二箇所《かしょ》探し、それぞれ初めと終わりの五字を書き抜きなさい。（句読点は字数に含《ふく》めない。）

□□□□□〜□□□□□

□□□□□〜□□□□□

4 徒然草《つれづれぐさ》

(1)『徒然草』とは

●筆者…＿＿＿＿。宮廷《きゅうてい》に出仕して出世したが、三十歳《さい》前後で出家して隠者《いんじゃ》となった。

●成立…＿＿＿＿時代末期。（十四世紀前半。）筆者の出家後に執筆《しっぴつ》された。

●内容…序段と二百四十三段の文章から成る＿＿＿＿集。深い教養と鋭《するど》い観察眼とに裏付けされた批判精神が貫《つらぬ》かれている。時代を超越《ちょうえつ》した見方でつづった理性的な文章。

仏教の＿＿＿＿が色濃《いろこ》く反映されている。

全てのものは移り変わり、人生ははかないものだという考え方。

●主な話題

●人生論・教訓・処世・＿＿＿＿など

例「ある人、弓射ることを習ふ《ウ》に」「高名《こうみょう》の木登り」

●＿＿＿＿的なもの

例「仁和寺《にんなじ》にある法師」

●自然観賞的なもの

例「花は盛《さか》りに」

出家して、世を捨てて生きる私のような人物のことを、隠者というのだ。自由の身になってから、「つれづれなるままに」、この『徒然草』を書いたよ。

詳しく！
兼好法師《けんこうほうし》の本名は卜部《うらべの》兼好《かねよし》。吉田兼好《よしだけんこう》ともよばれる。出家後は歌人・知識人として、貴族・武家の社交界に関わりをもち続けた。

平安《へいあん》時代の優美な貴族の文化をなつかしむ気持ちが強い。『枕草子《まくらのそうし》』『源氏物語《げんじものがたり》』などの影響《えいきょう》が表れている。

詳しく！
兼好法師が生きた時代は、鎌倉《かまくら》時代の終わり頃《ごろ》で、戦乱の絶えない不安定な時代だった。鎌倉幕府の衰退《すいたい》や朝廷の分裂《ぶんれつ》という混乱が続き、人々は不安を抱《かか》えていた。

読解ポイント

①表現

★各段ごとの筆者の考え方を理解する。→＿＿＿・＿＿＿と、事実とを読み分ける。
※意見・感想に注目する

例 少しのことにも、先達《せんだち》はあらまほしきことなり。
（訳 ちょっとしたことにも、その道の案内者はあってほしいものだ。）

★文章の核心《かくしん》をつかむ。→＿＿＿に注目しよう。

例 かたへ《エ》の人にあひ《イ》て、「年ごろ思ひ《イ》つること……」とぞ言ひ《イ》ける。
会話文の引用を表す「と」

会話文は、必ず「　」でくくられているとは限らない。
会話文のあとには、「と」「とて」「など」があるので、それらを手がかりにする。

②表現技法

★＿＿＿が多い。→筆者の言いたいことを読み取るヒントにする。

係り結び…文中に係りの助詞の「ぞ・なむ・や・か・＿＿＿」があると、文末が終止形ではなく連体形か已然形《いぜんけい》になる表現のこと。

例 尊くこそおはし《ワ》けれ。……意味：＿＿＿
「けり」の已然形
（訳 尊くいらっしゃった。）

何事かありけん《ン》。……意味：＿＿＿
「けむ」の連体形
（訳 何事があったのだろうか。）

詳しく！

係りの助詞	意味	結び
ぞ なむ	強調	連体形
こそ	強調	已然形
や か	疑問・反語	連体形

・強調…訳さなくてよい。
・疑問…「～だろうか。」と訳す。
・反語…「～だろうか、いや、～ない。」と訳す。

平安時代中期に清少納言《せいしょうなごん》が書いた『枕草子』、鎌倉時代初期に鴨長明《かものちょうめい》が書いた『方丈記《ほうじょうき》』と並んで、『徒然草』は古典の三大随筆《ずいひつ》とよばれているんだ。

(2) 現代語訳と語句・文法

◆序段

つれづれなるままに、日暮らし、硯《すずり》に向かひて、

（することがなく、退屈であるのに任せて　一日中）

心にうつりゆくよしなし事を、

（浮かんでは消えていく　とりとめもないこと　何の当てもなく）

書きつくれば、あやしう《シュウ》こそものぐるほし《オ》けれ。

（書きつけている　と　不思議な（ほど）　心が乱れて落ち着かない）

係り結び（　　）

〈序段〉

◆仁和寺《にんなじ》にある法師

仁和寺にある法師、年寄るまで*石清水《いはしみづ》《ワ　ズ》を拝まざりければ、

（いる　僧（が）　年をとる　参拝し　なかっ　た　ので）

心うく覚えて、あるとき思ひたちて、ただ一人、徒歩《かち》より

（残念に　思っ　（で）　徒歩　で）

することがなく、退屈《たいくつ》であるのに任せて、一日中、硯に向かって、心に浮《う》かんでは消えていく　　　ことを、何の当てもなく書きつけていると、不思議なほど心が乱れて落ち着かないことだ。

仁和寺にいる僧《そう》が、年をとるまで石清水を参拝しなかったので、残念に思って、あるとき思い立って、ただ一人で、　　　でお参りした。極楽寺・

重要古語

□つれづれなり →（　　）

□よしなし事 →（　　）

□そこはかとなし →（　　）

□あやし →（　　）

□ものぐるほし →（　　）

重要古語

□心うし →（　　）

*石清水…石清水八幡《はちまん》宮《ぐう》。山の上にあり、ふもとに極楽寺や高良神社があった。

詣《まう》《モウ》でけり。極楽寺《ごくらくじ》・高良《かうら》《コウ》などを拝みて、かばかりと心得て帰りにけり。さて、かたへの人にあひて、「年ごろ思ひつること、果たしはべりぬ。聞きしにも過ぎて、尊くこそおは《ワ》しけれ。そも、まゐりたる人ごとに山へ登りしは、何事かありけん、ゆかしかりしかど、神へ　　こそ本意《ほい》なれと思ひて、　　。」とぞ言ひける。

少しのことにも、先達《せんだち》はあらまほしきことなり。

〈第五十二段〉

（お参りした／参拝し／これだけ／思い込んで／帰ってしまった／仲間／向かっ／長年　思って　いた／を／ました　聞いた　まさっ／の／お宮は／係り結び（強調）／いらっしゃった　それにしても　参拝し　ている　どの人も　登った／の／係り結び（　）／あっ　たのだろうか　知りたかった　けれど／こと／係り結び（強調）／本来の目的　である／ない／係り結び（　）／た／その道の案内者　あっ　てほしい　もの　である）

高良などを参拝して、これだけと　　帰ってしまった。さて、仲間に向かって、「　　思っていたことを、果たしました。聞いたのにもまさって、（お宮は）尊くいらっしゃった。それにしても、　　どの人も山へ登ったのは、何事があったのだろうか、　　けれど、神に参拝することが　　と思って、山までは見なかった。」と言った。

ちょっとしたことにも、その道の案内者はあってほしいものである。

重要古語

□年ごろ ↓（　　）
□おはす ↓（　　）
□ゆかし ↓（　　）

＊はべり…ここでは補助動詞。丁寧語《ていねいご》で、「〜です・ます・ございます」と訳す。

＊ゆかし…好奇心《こうきしん》がわき、強く心がひきつけられる様子を表す言葉。状況《じょうきょう》に応じて、「見たい」「聞きたい」「知りたい」などと訳す。

石清水は、仁和寺にいる僧が登らなかった山の頂にあるのさ。

確認テスト④

●目標時間：30分　●100点満点　●答えは別冊22ページ

／100

1 次の文章を読んで、あとの問題に答えなさい。

〈(1)〜(4)は6点×8、(5)・(6)は7点×2〉

仁和寺《にんなじ》にある法師、年寄るまで石清水《いはしみづ》を拝まざりければ、心うく覚えて、あるときａ思ひたちて、ただ一人、①徒歩《かち》より詣《まう》でけり。極楽《ごくらく》寺《じ》・高良《かうら》などを拝みて、かばかりと心得て帰りにけり。さて、ｂかたへの人にあひて、②「年ごろ思ひつること、果たしはべりぬ。聞きしにも過ぎて、尊く□おはしけれ。そも、ｃまゐりたる人ごとに山へ登りしは、③何事かありけん、④ゆかしかりしかど、神へまゐるこそ本意《ほい》なれと思ひて、山までは見ず。」とぞ言ひける。

少しのことにも、⑤先達《せんだち》はあらまほしきことなり。

（第五十二段）

(1) 〰線部ａ〜ｃの歴史的仮名遣《かなづか》いを、現代仮名遣いに直して、全て平仮名で書きなさい。

ａ〔　　〕　ｂ〔　　〕　ｃ〔　　〕

(2) ――線部①「徒歩より詣でけり」、③「何事かありけん」、④「ゆかしかりしかど」の現代語訳を書きなさい。

①〔　　〕

③〔　　〕

④〔　　〕

(3) ――線部②「年ごろ思ひつること」とは、どんなことですか。現代語で簡単に答えなさい。

〔　　〕

(4) 重要 □に入る言葉を次から選び、記号で答えなさい。

ア ぞ　イ なむ　ウ や　エ か　オ こそ

〔　　〕

(5) 法師が山に登らなかった理由が書かれている部分を、文章中から十五字で書き抜きなさい。

(6) 重要 ――線部⑤「先達はあらまほしきことなり」とは、どういうことですか。適切なものを次から選び、記号で答えなさい。

ア 知らないことは質問すべきだということ。
イ 知らない人のために案内人は必要だということ。
ウ 知らない人はいつでも損をするものだということ。

〔　　〕

2 次の文章を読んで、あとの問題に答えなさい。

〈(1)〜(3)は7点×4、(4)は完答10点〉

ある人、弓射ることを習ふ(a)に、諸矢《もろや》をたばさみて、的に向かふ。師の言はく、①「初心の人、二つの矢を持つことなかれ。後《のち》の矢を頼《たの》みて、初めの矢になほざり(b)の心あり。毎度、ただ、得失なく、この矢《ひとや》に定むべしと思へ。」と言ふ。

わづかに二つの矢、師の前にて一つをおろかにせんと思はんや。懈怠《けだい》の心、みづから知らずといへども、師、②これを知る。この戒《いまし》め、万事《ばんじ》にわたるべし。

（第九十二段）

(1) 〰〰線部a・bの歴史的仮名遣いを、現代仮名遣いに直して、全て平仮名で書きなさい。

a〔　　〕　b〔　　〕

(2) 重要 ――線部①「初心の人、二つの矢を持つことなかれ。」とありますが、弓の師がそう言ったのはなぜですか。適切なものを次から選び、記号で答えなさい。

ア 初心者は、力任せに矢を射って外しがちなので、矢を無駄《むだ》にしないようにと伝えたかったから。
イ 初心者は、複数の矢を持っていると、一本目の矢も二本目の矢も両方当てようと気負ってしまうので、欲張らないようにと伝えたかったから。
ウ 初心者は、一本の矢を持っていると、どうしても一本目の矢をおろそかにしてしまうので、一本の矢に集中すべきだと伝えたかったから。

〔　　〕

(3) ――線部②「これ」とありますが、何を指していますか。適切なものを次から選び、記号で答えなさい。

ア 二つの矢
イ 懈怠の心
ウ この戒め

〔　　〕

(4) 重要 筆者の感想を述べた部分を、文章中から探し、その初めと終わりの五字を書き抜きなさい。（句読点も字数に含《ふく》む。）

初め □□□□□
終わり □□□□□

〔　　〕

5 万葉集《まんようしゅう》・古今和歌集《こきんわかしゅう》・新古今和歌集《しんこきんわかしゅう》

(1)『万葉集』とは

◎編者…＿＿＿＿。巻ごとに複数の編者が参加したようだが、＿＿＿＿が深く関わったと考えられる。

◎成立…＿＿＿＿時代の末頃《ごろ》（八世紀後半）までに完成したと考えられる。現存する日本最古の歌集。

◎内容…二十巻から成り、約四千五百首が収められている。歌体（和歌の形式）は、長歌《ちょうか》・＿＿＿＿・旋頭歌《せどうか》・仏足石歌《ぶっそくせきか》の四種類。天皇や貴族の歌の他、＿＿＿＿や東歌《あずまうた》など庶民《しょみん》の歌も収められている。表記は、＿＿＿＿仮名《がな》。歌風は、おおらかで力強い＿＿＿＿調が多い。

（日本語を、漢字の音訓を借りて表す表記法。）

◎代表歌人…天智天皇《てんじ》・＿＿＿＿・有間皇子《ありまのみこ》（第一期）、＿＿＿＿・天武天皇《てんむ》・持統天皇《じとう》・大《おお》津皇子《つのみこ》（第二期）、＿＿＿＿・山部赤人《やまべのあかひと》・大伴旅人《おおとものたびと》（第三期）、＿＿＿＿（第四期）など。

(2)『古今和歌集』とは

◎撰者《せんじゃ》…紀友則《きのとものり》・＿＿＿＿・凡河内躬恒《おおしこうちのみつね》・壬生忠岑《みぶのただみね》。醍醐《だいご》天皇の勅命《ちょくめい》による最初の＿＿＿＿和歌集。

◎成立…＿＿＿＿時代前期。（十世紀初め。）

◎内容…二十巻から成り、約千百首が収められている。歌体は、ほとんどが＿＿＿＿。歌風は、知的で優美、繊細《せんさい》。＿＿＿＿調が多い。

詳しく！

長歌　五・七・五・七……と続き、最後は五・七・七で終わる。

短歌　五・七・五・七・七の五句三十一音。

旋頭歌　五・七・七・五・七・七の六句三十八音。

仏足石歌　五・七・五・七・七・七の六句三十八音。

防人歌《さきもりのうた》　防人（諸国から徴兵《ちょうへい》され、北九州《きたきゅうしゅう》の防備に当たった兵士）や、その家族などが詠《よ》んだ歌。

東歌　東国《とうごく》（奈良《なら》や京都《きょうと》から見て、東の方にある国）の人の歌。あるいは東国風の素朴《そぼく》な歌。

◎代表歌人…撰者をはじめ、＿＿＿とよばれた僧正遍昭《そうじょうへんじょう》・在原業平《ありわらのなりひら》・文屋康秀《ふんやのやすひで》・喜撰法師《きせんほうし》・大伴黒主《おおとものくろぬし》など。

(3)『新古今和歌集』とは

◎撰者…・藤原有家《ふじわらのありいえ》・藤原家隆《ふじわらのいえたか》・藤原雅経《ふじわらのまさつね》・源通具《みなもとのみちとも》・寂蓮法師《じゃくれんほうし》。

後鳥羽院《ごとばいん》の勅命による八番目の＿＿＿和歌集。

◎成立…＿＿＿時代前期。（十三世紀初め。）

◎内容…二十巻から成り、約二千首が収められている。歌体は、全て＿＿＿。

歌風は、感覚的、象徴的《しょうちょうてき》、幽玄《ゆうげん》。＿＿＿調が多い。

余情があり、味わい深くてはかりしれない感じ。

◎代表歌人…撰者をはじめ、＿＿＿法師《ほうし》・慈円《じえん》・藤原良経《ふじわらのよしつね》・藤原俊成《ふじわらのとしなり》・式子内親王《しょくしないしんのう》・後鳥羽院・藤《ふじ》原俊成女《わらのとしなりのむすめ》など。

句切れとは、一首の中で意味が切れる部分のこと。句切れなしの短歌もある。

五七調（万葉）
二句切れか四句切れ
五・七／五・七・七
五・七・五・七／七

七五調（古今・新古今）
初句切れか三句切れ
五／七・五・七・七
五・七・五／七・七

(4)現代語訳と語句・文法

◆万葉集

※「|」は五・七・五・七・七の音数で区切ったもの。「‖」は意味の切れ目である句切れを表す。

持統天皇《じとう》

春過ぎて|夏来る《きた》らし‖白たへ《エ》の|＿＿＿|天の香具山《あめかぐやま》

（らし：らしい　白たへの：枕詞　天の香具山：体言(名詞)止め）

＿＿＿。夏のよそおいである、真っ白な衣《ころも》が干してある。あの天の香具山に。

詳しく！

枕詞《まくらことば》 ある特定の語を導き出す、通常は五音の決まった言葉。普通《ふつう》訳さない。

・あしひきの→山・峰《を》など
・からころも→着る・裾《すそ》・袖《そで》など
・白たへの→衣・袖・雲など
・くさまくら→旅・結ぶなど
・たらちねの→母・親など
・ちはやぶる→神・氏《うぢ》など
・ぬばたまの→黒・夜・闇《やみ》・髪《かみ》など

序詞

多摩川《たまがは》《ワ》にさらす手作りさらさらに何そこの児《こ》のここだ愛《かな》しき

（＝「ぞ」　係り結び（強調）　いとしいのか）

東歌《あづまうた》

君待つと我《あ》が恋《こ》ひ《イ》居《を》《オ》れば我《わ》が屋戸《やど》のすだれ動かし秋の風吹《ふ》く

（君＝天智天皇《てんじ》のこと　屋戸＝家の戸）

額田王《ぬかたのおほきみ》

憶良らは今は罷《まか》らむ泣くらむそれその母も我《わ》を待つらむそ

（＊憶良ら　罷らむ＝退出いたしましょう　宴会《えんかい》を退席するときにたわむれに詠《よ》んだ歌　泣くらむ＝だろう　＊それ　その母＝憶良の妻　らむ＝だろう）

山上憶良《やまのうへのおくら》

◆古今和歌集《こきんわかしゅう》

人はいさ心も知らず花ぞ昔の香ににほひ《オイ》ける

（いさ＝さあどうであろうか　花＝梅の花　係り結び（強調））

紀貫之《きのつらゆき》

秋来《き》ぬと目にはさやかに見えねども風の音にぞおどろかれぬる

（さやかに＝はっきりと　見えねども＝ないけれど　おどろかれ＝はっと気づく　係り結び（強調））

藤原敏行《ふぢはらのとしゆき》

多摩川にさらす手織りの布がさらさらというように、さらにさらに、どうしてこの娘《むすめ》がこんなにも＿＿＿のか。

あなたがいらっしゃるのを待って、＿＿＿、私の家の戸のすだれを動かして、秋の風が吹いております。

私憶良めは、今はもう退出いたしましょう。家では子供が＿＿＿。それ、その母親も、私を待っているでしょうから。

人の心はさあどうであろうか、あなたの心は、どう変わってしまったか知らない。しかし、昔なじみのあのなつかしい土地では、＿＿＿が昔のままによい香りを放っていることよ。

＿＿＿と目にははっきりと見えないけれど、風の音を聞いて、はっとするほどに秋の訪《おとず》れが感じられることよ。

詳しく！

序詞《じょことば》　ある言葉や句を導き出すための六音以上の言葉。あとに来る言葉や句は決まっていない。枕詞《まくらことば》と違《ちが》い、序詞は作者が自由に創作する。これは訳す。

＊ら…自分をへりくだって言うときに付ける接尾語《せつびご》。

＊それ…「それ・ほら」などの意味の感動詞。

重要古語

□愛し
↓（　　）

□さやかなり
↓（　　）

□おどろく
↓（　　）

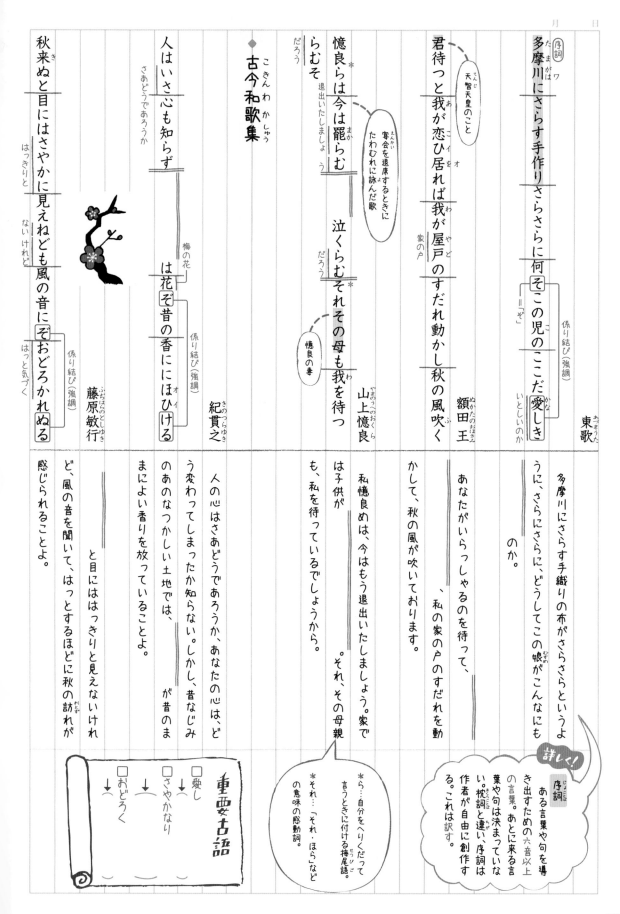

月　日

◆新古今和歌集《しんこきんわかしゅう》

花の色は（桜の花）（　　　　）いたづらに（むなしく）わが身世にふるながめせしまに
【掛詞】ふる：「降る」と「経る」
【掛詞】ながめ：「長雨」と「眺め」

小野小町《をののこまち》

玉の緒《を》よ（命）絶えなば絶えね（もし絶えるなら絶えてしまえ）ながらへ《エ》ば忍《しの》ぶることの弱りもぞする
【縁語】「絶ゆ」「ながらふ」「弱る」が「緒《オ》」の縁語
係り結び（強調）：ぞ→する

式子内親王《しょくしないしんのう》

道の辺《べ》に清水流るる（　　　　）しばしとてこそ立ちどまりつれ
係り結び（強調）：こそ→つれ

西行法師《さいぎやうほふし》

（馬）（　　　　）とめて袖《そで》うちはらふ《ウ》陰《かげ》もなし佐野《さの》のわたり（渡し場）の雪の夕暮《ゆふぐ》れ
体言（名詞）止め

藤原定家《ふぢはらのさだいへ》

美しい（　　　　）の色は、色あせてしまったなあ。私がむなしく物思いにふけっている間に、降り続く春の（　　　　）に打たれて。そのように、私の美しい容姿も衰《おとろ》えてしまったことよ。むなしく時を過ごし、物思いにふけっていた間に。

（　　　　）よ。もし絶えるなら絶えてしまえ。もしこのまま生きながらえていると、人に知られまいと自分の心の中だけに恋心《こいごころ》を秘《ひ》めている力が、弱るといけないから。

道のほとりに清水が流れている、柳《やなぎ》の木陰《こかげ》。（　　　　）と思って立ち止まったのだが、涼《すず》しいので長い時間を過ごしてしまったことよ。

馬をとめて（　　　　）物陰もない。この佐野の渡《わた》し場の雪の降る夕暮れ時よ。

詳しく！
掛詞《かけことば》　一つの言葉に、同音の複数の言葉の意味をもたせる技法。
あき→秋・飽《あ》き
すむ→住む・澄《す》む
まつ→松・待つ

詳しく！
縁語《えんご》　一首の中に、関係の深い言葉を意識的に詠《よ》み込《こ》む技法。
振《ふ》る・鳴る→鈴《すず》の縁語
細し・よる→糸の縁語

重要古語
□いたづらなり
→（　　　　）
□玉の緒
→（　　　　）

確認テスト⑤

●目標時間：30分　●100点満点　●答えは別冊23ページ

／100

1 次の『万葉集《まんようしゅう》』の和歌を読んで、あとの問題に答えなさい。〈7点×8〉

A　春過ぎて夏来《きた》るらし白たへの衣《ころも》干したり天《あめ》の香具山《かぐやま》　持統《じとう》天皇

B　多摩川《たまがは》にさらす手作りさらさらに何そこの児《こ》のここだ愛《かな》しき　東歌《あづまうた》

C　君待つと我《あ》が恋《こ》ひ居《を》れば我《わ》が屋戸《やど》のすだれ動かし秋の風吹《ふ》く　額田王《ぬかたのおほきみ》

D　憶良らは今は罷《まか》らむ子泣くらむそれその母も我《わ》を待つらむそ　山上憶良《やまのうへのおくら》

E　東《ひむがし》の野に炎《かぎろひ》の立つ見えてかへり見すれば月傾《かたぶ》きぬ　柿本人麻呂《かきのもとのひとまろ》

F　父母《ちちはは》が頭《かしら》かき撫《な》で幸《さ》くあれて言ひし言葉《けとば》ぜ忘れかねつる　防人歌《さきもりのうた》

(1) 重要　Aの和歌の――線部①「白たへの」、Bの和歌の――線部③「多摩川にさらす手作り」のような言葉による表現技法を、何といいますか。次から選び、記号で答えなさい。

ア　枕詞《まくらことば》　イ　掛詞《かけことば》　ウ　序詞《じょことば》

①〔　　〕　③〔　　〕

(2) Aの和歌の――線部②「天の香具山」のように名詞で終わる表現技法を何といいますか。四字で答えなさい。

□□□□

(3) 重要　Cの和歌の――線部④「我が恋ひ居れば」、Dの和歌の――線部⑤「今は罷らむ」の現代語訳を書きなさい。

④〔　　〕

⑤〔　　〕

(4) Dの和歌の――線部⑥「その母」とは、作者にとっては誰《だれ》のことですか。漢字一字で答えなさい。

□

(5) Eの和歌の鑑賞文《かんしょうぶん》として適切なものを、次から選び、記号で答えなさい。

ア　厳しい自然の情景をうたった歌。
イ　雄大《ゆうだい》な早朝の風景をうたった歌。
ウ　夏の燃えるような暑さをうたった歌。

〔　　〕

(6) Fの和歌で、父母が言った言葉を四字で書き抜《ぬ》きなさい。

□□□□

2 次のA〜Cの『古今和歌集《こきんわかしゅう》』の和歌と、D〜Fの『新古今和歌集《しんこきんわかしゅう》』の和歌を読んで、あとの問題に答えなさい。

〈(1)・(4)〜(6)は7点×4、(2)・(3)は8点×2〉

A 人はいさ心も知らずふるさとは①花ぞ昔の香ににほひける
紀貫之《きのつらゆき》

B 秋来《き》ぬと目にはさやかに見えねども風の音にぞおどろかれぬる
藤原敏行《ふぢはらのとしゆき》

C 思ひつつ寝《ぬ》ればや人の見えつらむ夢と知りせば覚めざらましを
小野小町《をののこまち》

D 玉の緒《を》よ②絶えなば絶えね③ながらへば忍《しの》ぶることの④弱りもぞする
式子《しよくし》内親王

E 道の辺《べ》に清水流るる柳《やなぎ》かげしばしとてこそ立ちどまりつれ
西行法師《さいぎやうほふし》

F 見わたせば花も紅葉《もみぢ》もなかりけり浦《うら》の苫屋《とまや》の秋の夕暮《ゆふぐれ》
藤原定家《ふぢはらのさだいへ》

---

(1) 重要 Aの和歌の——線部①「花ぞ昔の香ににほひける」の現代語訳を書きなさい。
〔　　　　〕

(2) Bの和歌は、どんな感覚によってとらえた感動を詠《よ》んでいますか。適切なものを次から選び、記号で答えなさい。
ア 視覚　イ 聴覚《ちょうかく》
ウ 嗅覚《きゅうかく》　エ 味覚
〔　　〕

(3) Cの和歌に込《こ》められた気持ちとして適切なものを、次から選び、記号で答えなさい。
ア 両思いになったときの満ち足りた気持ち。
イ かつての恋人《こいびと》をなつかしむ気持ち。
ウ 恋しい人に会いたいと願う気持ち。
〔　　〕

(4) 重要 Dの和歌の——線部②「絶え」、③「ながらへ」、④「弱り」は、「緒」と関係が深い言葉です。このような言葉による表現技法を何といいますか。次から選び、記号で答えなさい。
ア 掛詞　イ 縁語《えんご》　ウ 枕詞
〔　　〕

(5) Eの和歌は、何句切れですか。漢数字で答えなさい。
□句切れ

(6) A〜Fの和歌の中で、体言（名詞）止めのものはどれですか。一つ選び、記号で答えなさい。
〔　　〕

月　日

6 おくのほそ道《みち》

(1)『おくのほそ道』とは

◎筆者…　　　。江戸《えど》時代を代表する俳人。

◎成立…　　　時代前期。(十七世紀末期。) 元禄《げんろく》三(一六九〇)年頃《ごろ》から元禄七(一六九四)年までに書かれた。(元禄七年は、芭蕉《ばしょう》が死んだ年。)

◎内容…元禄二(一六八九)年三月に江戸深川《ふかがわ》を出発し、松島《まつしま》、平泉《ひらいずみ》、象潟《きさかた》など、奥州路《おうしゅうじ》(今の東北《とうほく》地方)を旅し、北陸《ほくりく》を経て美濃《みの》(今の岐阜県《ぎふけん》)の大垣《おおがき》に至る二千四百キロメートル、約百五十日の見聞を、　　　と共につづった俳諧《はいかい》文。

◎主な内容

●「月日は」…『おくのほそ道』の冒頭《ぼうとう》の文章。芭蕉の旅や　　　に対する考え方や、この旅に出ることになった経緯《けいい》や様子が書かれている。

●「平泉」…　　　氏三代の栄華《えいが》の跡《あと》を残す平泉(今の岩手県《いわてけん》南部)で感じた、景観の美しさと古人への思いが書かれている。

●「立石寺《りっしゃくじ》」…立石寺(今の山形県《やまがたけん》にある山寺)に立ち寄り、景観の美しさと静かな雰囲気《ふんいき》に感動した思いが書かれている。

詳しく!

松尾芭蕉《まつおばしょう》は、伊賀国《いがのくに》(今の三重県《みえけん》)生まれ。若い頃に仕えた主君の影響《えいきょう》で俳諧を学ぶ。主君の死後、俳諧で身を立てようと、三十代半ばで江戸に出た。それまで滑稽《こっけい》味の強かった俳諧を芸術の域にまで高め、蕉風《しょうふう》を確立した。

同時代の文学者に、
・井原西鶴《いはらさいかく》(『浮世草子《うきよぞうし》』の作者)
・近松門左衛門《ちかまつもんざえもん》(歌舞伎《かぶき》・浄瑠璃《じょうるり》の脚本家)
がいる。

読解ポイント

① 文体…簡潔な和漢混交文 ▼P.66。

★古典を踏《ふ》まえた表現が多い。→　　　や日本の和歌の引用に注目する。

例「国破れて山河あり、城春にして草青みたり。」（中国《ちゅうごく》の唐代《とうだい》の詩人杜甫《とほ》の『春望《しゅんぼう》』という詩より）

★一場面に一句以上の　　　が織り交ぜられている。

→季語や　　　に注意して、俳句の意味をつかむ。

例 草の戸も住み替《か》は《ワ》る代《よ》ぞ雛《ひな》の家
（ぞ：切れ字／雛：春の季語）

② 表現技法

★　　　表現が多い。→リズム感を味わう。

例
月日は百代《はくたい》の過客《くわかく》《カ》にして
行きかふ《コウ》年もまた旅人なり
（訳 月日は永遠に旅を続ける旅人のようなもので 過ぎ去りまたやってくる年もまた旅人である）

例
そぞろ神の物につきて心をくるは《ワ》せ
道祖神《だうそじん》《ドウ》の招きにあひ《イ》て、取るもの手につかず
（訳 そぞろ神が乗り移ってただもうそわそわさせられ 道祖神が招いているようで、何事も手につかず）

江戸時代の三大俳人といえば、江戸前期に活躍《かつやく》した私・松尾芭蕉、江戸中期の与謝《よさ》蕪《ぶ》村《そん》、江戸後期の小林一茶《こばやしいっさ》だよ。

詳しく！

【俳句の特徴《とくちょう》】
・五・七・五の十七音から成る。
・切れ字…「や・ぞ・かな・けり」など。
→意味や調子の切れ目を表す。
・季語…季節を表す言葉。原則として一つの俳句に一つ詠《よ》み込む。

【季語の例】
春（今の二〜四月）
残雪・雛・蛙《かわず》・水温《ぬる》む
夏（今の五〜七月）
五月雨《さみだれ》・時鳥《ほととぎす》・卯《う》の花
秋（今の八〜十月）
天の川・七夕・朝顔
冬（今の十一〜一月）
枯野《かれの》・時雨《しぐれ》・師走《しわす》

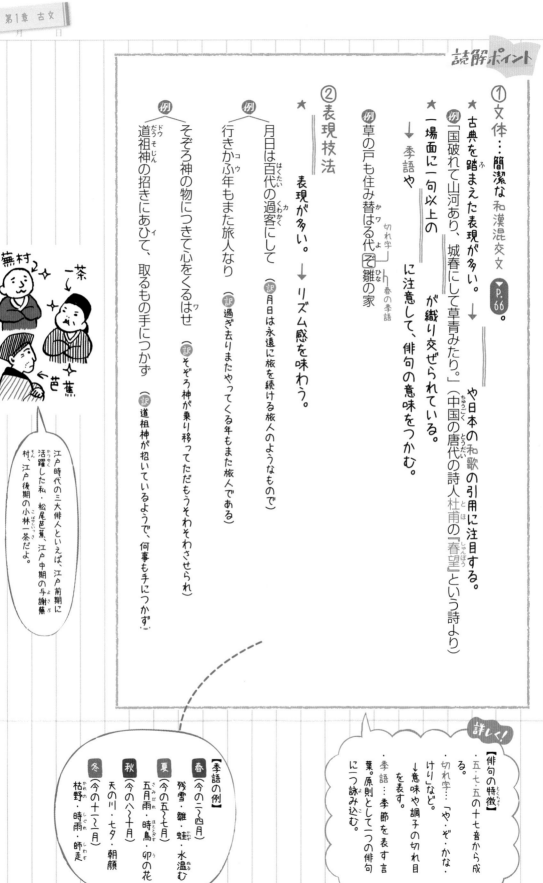

(2) 現代語訳と語句・文法

◆月日は

月日は百代《はくたい》の過客《くわかく》《カ》にして、行きかふ年もまた旅人なり。

（永遠　旅人　過ぎ去りまたやってくる　である）（対句表現）

舟《ふね》の上に生涯《しやうがい》《ショウ》を浮《う》かべ、馬の口とらへ《エ》て老いを迎《むか》《コ》ふ《ウ》る者は、

（一生を舟の上で暮らす船頭や　くつわ［を］取っ　迎える　馬子［など］）（対句表現）

日々旅にして旅をすみかとす。古人も多く旅に死せるあり。

（毎日［が］　であって　［自分の］　している　昔の人　旅の途中で死んだ［人が］　いる）

予もいづれ《ズ》の年よりか、片雲《へんうん》の風にさそはれ《ワ》て、

（私　いつ　頃からか　ちぎれ雲が風に誘われるようにして）

漂泊《へうはく》《ヒョウ》の思ひ《イ》やまず、海浜《かいひん》にさすらへて、去年《こぞ》の秋、

（あてのない旅に出たいという思いがなくならず　［近年はあちこちの］　さすらい歩き）

江上《かうしやう》《コウショウ》の破屋《はをく》《オ》に蜘蛛《くも》の古巣をはらひて、やや年も暮れ、

（川のほとり　あばらや［帰り］　しだいに）

月日は永遠に旅を続ける＿＿＿のようなもので、過ぎ去りまたやってくる年もまた旅人である。一生を舟の上で暮らす船頭や、馬のくつわを取って老いを迎える馬子《まご》などは、毎日が旅であって旅そのものを自分のすみかにしている。昔の人の中にも旅の途中《とちゅう》で死んだ人が多い。＿＿＿もいつの頃《ころ》からか、ちぎれ雲が風に誘《さそ》われるようにして、あてのない旅に出たいという思いが＿＿＿て、（近年はあちこちの）海岸をさすらい歩き、去年の秋、川のほとりのあばらやに（帰り）、蜘蛛の古巣を払《はら》って、＿＿＿、新春と

重要古語

□百代（　）
□過客（　）
□古人（　）
□予（　）
□やや（　）

ミス注意!

「古人」は、「古い人」という意味ではないので、注意。「昔の人」という意味で、ここでは李白《りはく》や杜甫《とほ》（中国《ちゅうごく》の唐代《とうだい》の詩人）、西行法師《さいぎょうほうし》などを指す。人生の大半を旅に費《つい》やして詩作に励《はげ》んだ先人たちのこと。

*春立てる霞《かすみ》の空に白河《しらかは》《ワ》の関越《こ》えんと、
（掛詞）新春ともなると　霞の立ち込める空の下で　を　よう

そぞろ神の物につきて心をくるは《ワ》せ、
心を惑わす神の名　乗り移っ　ただもうそわそわさせられ

道《だう》《ドウ》祖《そ》神《じん》の招きにあひて、取るもの手につかず、
通行の安全を守る神の名　招いているようで　何事も

股引《ももひき》の破れをつづり、笠《かさ》の緒《を》《オ》付けかへ《エ》て、
繕って

（対句表現）

*三里に灸《きう》《キュウ》すゆるより、松島《まつしま》の月まづ心にかかりて、
を　据える　ともう　が　真っ先に　気になっ

住めるかたは人に譲《ゆづ》《ズ》り、杉風《さんぷう》が別墅《べつしよ》《ベッショ》に移るに、
今まで住んでいた庵　弟子の一人の名　別荘　移ったのだが

草の戸も住み替《か》《ワ》はる代《よ》ぞ雛《ひな》の家

*面《おもて》八句を庵《あん》の柱に懸《か》け置く。
かけておいた

もなると霞の立ち込《こ》める空の下で白河の関を

と、そぞろ神が　　ただもう

そわそわさせられ、道祖神が招いているようで、何事も手につかず、股引の破れを繕《つくろ》って、笠のひもを付け替《か》えて、三里に灸を据《す》えるともう、松島の月が

真っ先に　　、今まで住んでいた庵は

人に譲り、杉風の別荘《べっそう》に　　、

元の草庵にも新しい住人が越してきて、私の住んでいた頃のわびしさとはうって変わり、華《はな》やかに雛人形などを飾《かざ》っている。

と詠《よ》み、面八句を(門出《かどで》の記念に)庵の柱にかけて

おいた。

*春立てる霞の空…「立てる」は掛詞《かけことば》▶p.81。「春が立つ(=立春)」と、「霞が立ち込める」の両方の意味を表している。

*面八句…俳諧《はいかい》で、百句の連句を二つ折りにした紙四枚に書くとき、一枚目の紙の表に記す八句のこと。

確認テスト⑥

●目標時間：30分　●100点満点　●答えは別冊23ページ

／100

1 次の文章を読んで、あとの問題に答えなさい。〈(1)は5点×2、(2)・(4)〜(6)は6点×6、(3)・(7)は8点×2〉

①月日は百代《はくたい》の過客《くわかく》にして、行きかふ年もまた旅人なり。②舟《ふね》の上に生涯《しやうがい》を浮《う》かべ、馬の口とらへて老いを迎《むか》ふる者は、日々旅にして旅をすみかとす。③古人も多く旅に死せるあり。予もいづれの年よりか、片雲《へんうん》の風にaさそはれて、漂泊《へうはく》の思ひやまず、海浜《かいひん》にさすらへて、去《こ》年《ぞ》の秋、江上《かうしやう》の破屋《はをく》に蜘蛛《くも》の古巣をはらひて、やや年も暮れ、春④立てる霞《かすみ》の空に白河《しらかは》の関越《こ》えんと、そぞろ神の物につきて心をくるはせ、道祖神《だうそじん》の招きにあひて、取るもの手につかず、股引《ももひき》の破れをつづり、笠《かさ》の緒《を》付けかへて、三里《さんり》に灸《きう》すゆるより、松島《まつしま》の月bまづ心にかかりて、住めるかたは人に譲《ゆづ》り、杉風《さんぷう》が別墅《べつしよ》に⑤移るに、

草の戸も住み替《か》はる代《よ》ぞ雛《ひな》の家

面《おも》八句を庵《あん》の柱に懸《か》け置く。

(1) 〜〜線部a・bの歴史的仮名遣《かなづか》いを、現代仮名遣いに直しなさい。

a［　　　］　b［　　　］

(2) 重要 ——線部①「月日は……旅人なり。」、②「舟の上に……迎ふる」に共通して用いられている表現技法は何ですか。次から選び、記号で答えなさい。

ア 倒置法《とうちほう》　イ 対句法《ついくほう》

ウ 擬人法《ぎじんほう》　エ 反復法

［　　　］

(3) ——線部③「古人」とは、どんな人を指していますか。適切なものを次から選び、記号で答えなさい。

ア 日々旅をしている船頭《せんどう》や馬子《まご》。

イ 各地を旅しながら戦う武士。

ウ 旅をしながら詩作に励《はげ》んだ先人。

［　　　］

(4) ——線部④「立てる」には、「春が立つ」と「霞が立つ」という二つの意味があります。このような言葉による表現技法を何といいますか。次から選び、記号で答えなさい。

ア 枕詞《まくらことば》　イ 掛詞《かけことば》　ウ 序詞《じょことば》

［　　　］

(5) ——線部⑤「移る」とありますが、誰《だれ》が移るのですか。文章中の言葉で答えなさい。

［　　　］

(6)「草の戸も……」の俳句の、Ⅰ季語、Ⅱ季節、Ⅲ切れ字をそれぞれ答えなさい。（季語は平仮名で書いてもよい。）

Ⅰ〔　〕 Ⅱ〔　〕 Ⅲ〔　〕

(7) 重要 この文章から、これから旅に出る筆者がどんな気持ちをもっていることがわかりますか。適切なものを次から選び、記号で答えなさい。

ア 旅先での危険を恐《おそ》れる気持ち。
イ 今回の旅を最後にしようという気持ち。
ウ 旅に出たくてたまらない気持ち。

〔　〕

2 次の文章を読んで、あとの問題に答えなさい。〈(1)～(3)・(5)は6点×5、(4)は8点〉

三代の①栄耀一睡《えいえういつすい》のうちにして、大門《だいもん》の跡《あと》は一里こなたにあり。秀《ひで》衡《ひら》ａが跡は田野《でんや》になりて、金鶏山《きんけいざん》のみ形を残す。まづ高館《たかだち》に登れば、北上川《きたかみがは》南部より流るる②大河なり。衣川《ころもがは》は、和泉《いづみ》が城《じやう》を巡《めぐ》りて、高館の下にて③大河に落ち入る。泰衡《やすひら》らｂが旧跡《きうせき》は、衣《ころも》が関《せき》を隔《へだ》てて南部口《なんぶぐち》をさし固め、夷《えぞ》を防ぐとみえたり。さても義臣すぐってこの城にこもり、功名一時《こうみやういちじ》のくさむらとなる。「国破れて山河あり、城春にして草青みたり。」と笠《かさ》打ち敷《し》きて、時の移るまで涙《なみだ》を落としはべりぬ。

夏草や兵《つはもの》どもが夢の跡

卯《う》の花に兼房《かねふさ》見ゆる白毛《しらが》かな　曾良《そら》

(1) ――線部①「栄耀一睡のうちにして」の解釈《かいしやく》として適切なものを、次から選び、記号で答えなさい。

ア 栄華《えいが》はひと眠《ねむ》りしているうちに現実となり
イ 栄華は短い時間の中ではかなく消え果て
ウ 栄華は短い時間で築き上げるのは難しく

〔　〕

(2) ――線部②「大河」、③「大河」は、同じ川を指しています。その川の名を、文章中から三字で書き抜《ぬ》きなさい。

(3) ＝線部のａ・ｂ「が」は、どちらも他の助詞と言い換《か》えられます。どんな助詞と言い換えられますか。平仮名一字で書きなさい。

(4) 重要「夏草や……」の俳句には、どんな気持ちが込《こ》められていますか。適切なものを、次から選び、記号で答えなさい。

ア 夏草の茂《しげ》る自然の雄大《ゆうだい》さを褒《ほ》めたたえる気持ち。
イ 悠久《ゆうきゅう》の自然に比べ、人の世のはかなさを嘆《なげ》く気持ち。
ウ 戦場で戦った武士たちの勇気に感動する気持ち。

〔　〕

(5)「卯《う》の花に……」の俳句の、Ⅰ季語、Ⅱ季節を答えなさい。（季語は平仮名で書いてもよい。）

Ⅰ〔　〕 Ⅱ〔　〕

7 漢文・漢詩・論語《ろんご》

(1) 漢文とは

◎訓読文《くんどくぶん》…漢文を日本語の文章のように読むことを＿＿＿という。

訓読文は、漢文に＿＿＿(句読点・送り仮名《がな》・返り点)を補った文のこと。

●送り仮名…原文にはない日本語の助詞・助動詞・用言の活用語尾《ごび》などを、漢字の右下に片仮名で＿＿＿で入れる。

例 春来《タリ》、鳥啼《なキ》、桜《あう》花《くわ》開《ク》。

●返り点…漢文の語順を日本語の語順に改めるために、漢字の左下に付けた符号《ふごう》。

① ＿＿＿…下の一字を先に読み、上に返ることを示す点。

例 読《ム》レ書《ヲ》。(書を読む。)

② ＿＿＿…下の二字以上を先に読み、上に返ることを示す点。

例 在《リ》二山河一。(山河在り。)

③ ＿＿＿…間に一・二点を挟《はさ》み、さらに上に返ることを示す点。

例 有《リ》下朋《とも》自《より》二遠方一来《タル》上。(朋遠方より来たる有り。)

◎書き下し文…漢文を、送り仮名・返り点に従って、日本語の語順で＿＿＿文に書き直したもの。

例 春《しゅん》眠《みん》不《ず》レ覚《エ》レ暁《あかつきヲ》 → 書き下し文 春眠暁を覚えず

送り仮名や助詞・助動詞は平仮名で書く。

(2) 漢詩とは

◎漢詩の形式…中国《ちゅうごく》の昔の詩。絶句《ぜっく》と律詩《りっし》がある。

●＿＿＿…四つの句(行)から成る詩。

一句が五字の＿＿＿絶句と、一句が七字の＿＿＿絶句がある。

詳しく!

漢字のみが並んでいる、元のままの漢文を「白文《はくぶん》」という。

・白文
学 而 時 習 之

・訓読文
学《ビテ》而時《ニ》習《フ》レ之《これヲ》、

・書き下し文
学びて時に之を習ふ、

詳しく!

絶句の構成

・起句《きく》(第一句)
詩の内容を歌い起こす。

・承句《しょうく》(第二句)
起句を受けて展開する。

・転句《てんく》(第三句)
内容を転じる。

・結句《けっく》(第四句)
全体をまとめて結ぶ。

● ＿＿…八つの句(行)から成る詩。

一句が五字の ＿＿ 律詩と、一句が七字の ＿＿ 律詩がある。

読解ポイント

●漢詩の技法

★対句《ついく》…用語・組み立てが共に類似《るいじ》した二つの句を並べて、意味を強めてイメージを豊かにする技法。＿＿ は、三句目と四句目、五句目と六句目を対句にするきまりがある。

例 江《かうハ》 碧《みどりニシテ》 鳥《ハ》 逾《いよいヨ》 白《ク》 (江は碧にして鳥は逾よ白く)

（風物）（色彩《しきさい》）（風物）（色彩）

⇔ ⇔ ⇔ ⇔

山《ハ》 青《クシテ》 花《ハ》 欲《ほっス》 然《もエント》 (山は青くして花は然えんと欲す)

★押韻《おういん》…句末を同じ響《ひび》きの音(「韻」という)で合わせるきまり。詩のリズムを整える働きがある。同音の字を句末に用いることを押韻(韻を踏《ふ》む)という。

例「新」(shin)と「人」(jin)…「in」という韻をもつ。

詳しく!

律詩の構成

・首《しゅ》(起《き》)聯《れん》(第一・二句)
＝絶句の「起」の役割。
・頷《がん》(前《ぜん》)聯《れん》(第三・四句)
＝絶句の「承」の役割。
・頸《けい》(後《こう》)聯《れん》(第五・六句)
＝絶句の「転」の役割。
・尾《び》(結《けつ》)聯《れん》(第七・八句)
＝絶句の「結」の役割。

(3)『論語』とは

◎成立…中国の春秋時代末期《しゅんじゅう》。(紀元前四百年前後。)孔子《こうし》が直接書いたものではなく、孔子の死後、弟子《でし》たちが孔子の言動や、弟子たちとの ＿＿ を記録したもの。

（約三千人育成し、孔子の教えを究《きわ》めた弟子は七十二人いたといわれる。）

◎内容…約五百の章が、二十編に分けられている。孔子の思想である「仁《じん》(深い思いやり)」と、「礼《れい》(社会的な作法やきまり)」など、人としての生き方が説かれている。

◎人物… ＿＿ 。中国の魯《ろ》の国生まれの思想家。＿＿ の始祖で、「聖人」と仰《あお》がれた。五十歳頃《さいごろ》に魯の政治家になるが失脚《しっきゃく》し、その後、弟子たちと共に諸国を旅して理想の政治を説いた。

（思想が受け入れられることはなかった。）

私の教えは、現代にも「儒教《じゅきょう》」として残っているよ。「温故知新《おんこちしん》」や「敬遠《けいえん》」なども、この『論語』から生まれた言葉なんだ。

(4) 現代語訳と語句・文法

◆矛盾《むじゅん》

楚人《そひと》に盾《たて》と矛《ほこ》とを鬻《ひさ》ぐ者あり。これをほめていはく、「わが盾の堅《かた》きこと、よく陥《とほ》すものなきなり。」と。また、その矛をほめていはく《ワ》、「わが＿＿＿の利なること、物において陥さざるなきなり。」と。ある人いはく《ワ》、「子《し》の矛をもつて《モッ》、子の盾を陥さばいかん。」と。その人応《こた》ふ《ウ》ることあたはざるなり。

〔韓非子《かんぴし》〕

（注：楚の国の人で／売る／いた／盾のこと／言うことには／堅い／突き通せる／ない　のである／鋭い／どんなものでも　突き通せ／ない　ない　のである／あなた／で／突き通したら　どうなるか／答える／できなかった　のである）

（が／その人が／これを／は／ものは／が／は／が）

子…二人称《しょう》として用いられる。

◆春暁《シュンギョウ》《しゅんげう》

孟浩然《モウコウネン》《まうかうねん》

春《しゅん》眠《みん》不《ず》レ覚《エ》レ暁《あかつきヲ》

楚の国の人で、盾と矛を売る者がいた。その人が盾を＿＿＿、「我《わ》が盾の堅いこと、これを突《つ》き通せるものはないのである。」と。また、その矛を褒《ほ》めて言うことには、「我が矛の鋭《するど》いこと、どんなものでも突き通せないものはないのである。」と。ある人が言うことには、「あなたの矛で、＿＿＿を突き通したら、どうなるか。」と。その人は答えることができなかったのである。

春眠暁《しゅんみんあかつき》を＿＿＿（書き下し文を入れる）

春の眠《ねむ》りは、うとうとと気持ちよく、夜が明けたのも気がつかなかった。

重要古語

□いはく（　　）

□子（　　）

*よく〜…「〜できる」という意味。

*いかん…「どうなるか」という意味。

*あたふ…「できる」という意味。

この出来事から、「言動などのつじつまが合わないこと。」を「矛盾」というようになったんだ……。

処処聞ク二啼《てい》鳥《ちょう》ヲ一 （押韻：鳥《チョウ》）
夜来風雨ノ声
花落ツルコト知ル多少 （押韻：少）

◆学びて時に之《これ》を習《なら》ふ

子《し》曰《いハク》、「学ビテ而時ニ習フレ之ヲ、*不ずニ亦《また》説《よろこ》バシカラ一乎《や》。

（而：接続の働きをする字。「置き字」とよばれ、訓読するときには読まない。）

有リ下朋《とも》自《よ》リ二遠方一来タル上、不ニ亦楽シカラ一乎。

（朋：同じ先生のもとで学ぶ友のこと。ここでは志を同じくする友の意味も含《ふく》んでいる。）

*人不シテレ知ラ而不レ慍《うら》ミ、不ニ亦君子ナラ一乎ト。」

（君子：徳を積んだ人格者。）


〈論語《ろんご》〉

処処《しょしょ》啼鳥《ていちょう》を聞《き》く
あちこちで鳥のさえずる声が聞こえる。
夜来《やらい》＿＿＿
昨夜は、風や雨の音がしていたが、
＿＿＿多少《たしょう》
咲《さ》き誇《ほこ》っていた花は、どれほど散ってしまったことだろう。（たくさん散ったことだろう。）

子曰《しい》はく、「学《まな》びて時《とき》に之《これ》を習《なら》ふ、亦説《またよろこ》ばしからずや。

先生がおっしゃるには、「教わったことを繰《く》り返し復習する、なんとうれしいことではないか。

朋遠方《ともえんぽう》より来《き》たる有《あ》り、＿＿＿。

友人が遠くから訪ねてきて（学問の話をすることは）、なんと楽しいことではないか。

＿＿＿、亦君子《またくんし》ならずや。」と。

世間の人々が自分を理解してくれなくても不満をもたない、それでこそ君子ではないか。」と。


詳しく！
・「春暁」の形式は、五《ご》言絶句《ごんぜっく》。
・五言絶句は、二・四句の句末で韻《いん》を踏《ふ》むきまりがある。「春暁」では第一句も押韻していて、「暁《ぎょう》」「鳥《ちょう》」「少《しょう》」が韻字（韻を踏んでいる字）。

*不亦〜乎…「また〜ずや」と読む。「なんと〜ではないか」と相手の同意を求める言い方。

*人不知
・「人」…世間の人々、あるいは君主など、政治を行う者。
・「不知」…自分の学問を認めて重要な地位に取り立ててもらえないこと。

確認テスト⑦

●目標時間：30分　●100点満点　●答えは別冊24ページ

／100

1 次の漢文を読んで、あとの問題に答えなさい。

〈(1)・(2)は8点×3、(3)は9点〉

楚人《そひと》に盾《たて》と矛《ほこ》とを鬻《ひさ》ぐ者あり。①これをほめていはく、「わが盾の堅《かた》きこと、②よく陥《とほ》すものなきなり。」と。また、その矛をほめていはく、「わが矛の利なること、物において③陥さざるなきなり。」と。ある人いはく、「子《し》の矛をもつて、子《し》の盾を陥さばいかん。」と。④その人応《こた》ふることあたはざるなり。

（韓非子《かんびし》）

(1) ――線部①「これ」とは何を指していますか。文章中から書き抜《ぬ》きなさい。

【　　　】

(2) 重要 ――線部②「よく陥すものなきなり」、③「陥さざるなきなり」の現代語訳として適切なものを、次から選び、記号で答えなさい。

ア たたき壊《こわ》せるものはないのである
イ 突《つ》き通せるものはないのである
ウ たたき壊せないものはないのである
エ 突き通せないものはないのである

②【　　】　③【　　】

(3) ――線部④「その人応ふることあたはざるなり」とありますが、それはなぜですか。現代語で説明しなさい。

【　　　　　　】

2 次の漢詩を読んで、あとの問題に答えなさい。

〈(1)・(2)は8点×2、(3)・(4)は9点×2〉

春望《しゅんぼう》　杜甫《とほ》

国破れて山河在り
城春にして草木《さうもく》深し
時に感じては花にも涙《なみだ》を濺《そそ》ぎ
別れを恨《うら》んでは鳥にも心を驚《おどろ》かす

国　破レテ　山　河　在リ
城　春ニシテ　草　木　深シ a
感ジテハレ　時ニ　花ニモ　濺ギレ　涙ヲ
恨ンデハレ　別レヲ　鳥ニモ　驚カスレ b　心ヲ

烽火三月《ほうくわさんげつ》に連なり
家書万金《かしよばんきん》に抵《あた》る
白頭掻《か》けば更《さら》に短く
渾《す》べて簪《しん》に勝《た》へざらんと欲《ほつ》す

烽火連三月
家書抵ル二万金ニ一(c)
白頭掻ケバ更ニ短ク
渾ベテ欲スレ不ざラントレ勝ヘレ簪ニ(d)

(1) 重要 このような漢詩の形式を何といいますか。漢字四字で答えなさい。

(2) 重要 ═線部a「深」、b「心」、c「金」、d「簪」は、どれも「in」という音で終わっています。このような表現技法を何といいますか。次から選び、記号で答えなさい。

ア 暗喩《あんゆ》　イ 押韻《おういん》　ウ 体言止め

〔　　〕

(3) ――線部「烽火連三月」に、書き下し文に合わせて送り仮名《がな》と返り点を付けなさい。

〔烽　火　連　三　月〕

(4) 第八句などにある▒部のような返り点を、何といいますか。二字で答えなさい。

3 次の『論語《ろんご》』の一部を読んで、あとの問題に答えなさい。

〈(1)〜(3)は8点×3、(4)は9点〉

A ①子《し》曰《い》はく、「②故《ふる》きを温めて新しきを知れば、もつて師たるべし。」と。

子曰ハク、「温メテレ故キヲ而知レバレ新シキヲ、可ベシ二以テ為タルレ師ト一矣。」

B 子③曰はく、「学びて思はざれば則《すなは》ち罔《くら》し。思ひて学ばざれば則ち殆《あやふ》し。」と。

子曰ハク、「④学ビテ而不ざレバレ思ハ則チ罔シ。思ヒテ而不レバレ学バ則チ殆シ。」

(1) 重要 ――線部①「子」とは、誰《だれ》のことですか。その人物名を、漢字二字で答えなさい。

(2) ――線部②「故きを温めて新しきを知れば」とありますが、ここからできた四字熟語を答えなさい。

〔　　〕

(3) ――線部③「曰はく」の現代語訳を書きなさい。

(4) ――線部④「学而不思則罔」を訓読するとき、読まない字はどれですか。その漢字一字を書き抜きなさい。

〔　　〕

◆デザイン：mill inc.
◆装丁イラスト：カモ
◆編集協力：岡崎千佳子
◆本文イラスト：さとうさなえ，伊藤ハムスター
◆DTP：（株）四国写研

●この本は，下記のように環境に配慮して製作しました。
・製版フィルムを使用しないCTP方式で印刷しました。
・環境に配慮した紙を使用しています。
※赤フィルターの材質は「ポリプロピレン」です。

テスト前に
まとめるノート改訂版
中学国語　文法・古典

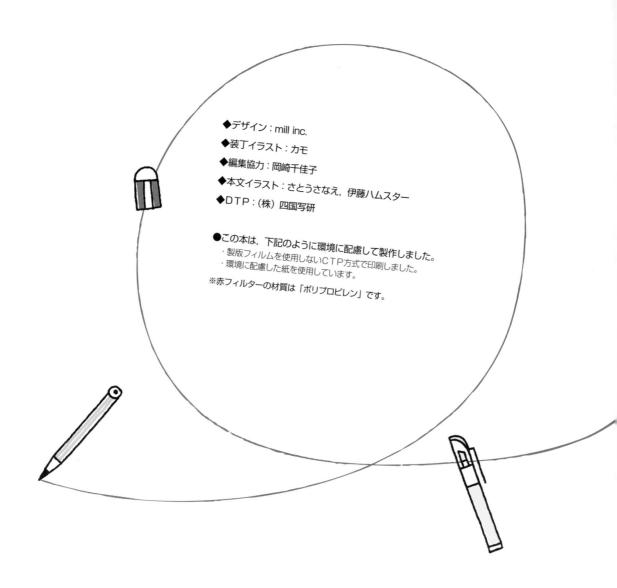

別冊解答

テスト前に
まとめるノート
中学国語
文法・古典

ノートページの答え
▶2〜17ページ

確認テストの答え
▶18〜24ページ

本冊のノートの
答え合わせに

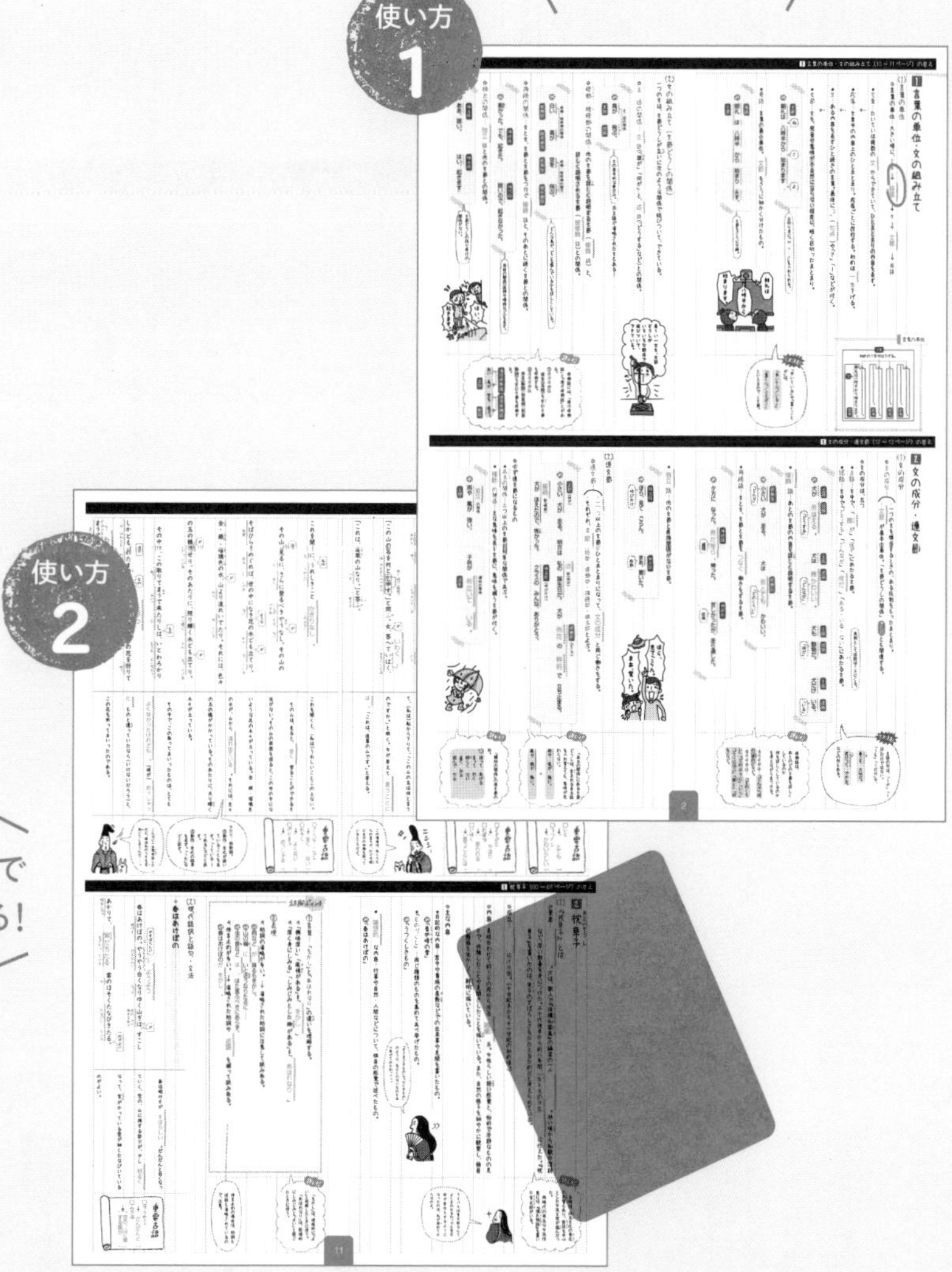

付属の赤フィルターで
消して，暗記もできる！

Gakken

1 言葉の単位・文の組み立て

(1) 言葉の単位

◎言葉の単位…大きい順に、文章 ↓ 段落 ↓ 文 ↓ 文節 ↓ 単語

●文章…たいていは複数の 文 からできていて、ひとまとまりの内容を表す。

←

●段落…文章中の内容上のひとまとまり。段落ごとに改行する。初めは 一 字下げる。

←

●文…ある内容を表すひと続きの言葉。最後に「。」（ 句点 ）や「？」「！」などが付く。

←

●文節…文を、発音や意味が不自然にならない程度に、短く区切ったまとまり。

例 文節 朝礼は（ね） 八時半から（さ） 始まります（よ）。

区切り目に「ね・さ・よ」を入れられる。

●単語…言葉の最小単位。 文節 をさらに細かく分けたもの。

例 単語 朝礼｜は｜八時半｜から｜始まり｜ます。
文節

文節をさらに分解。

ミス注意！

「歩いている」や「書くことが」は、

「歩いてね／いるよ」

「書くね／ことがさ」

といえるので、二文節。

言葉の単位

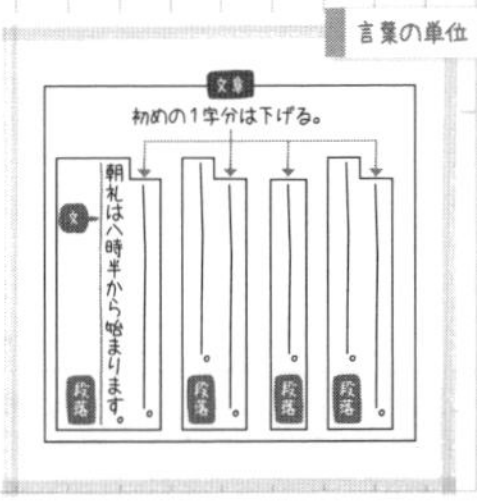

(2) 文の組み立て（文節どうしの関係）

一つの文は、文節どうしが互《たが》いに次のような関係で結びついて、できている。

◎主・述の関係… 主 語（「誰《だれ》が」「何が」）と、 述 語（「どうする」など）との関係。

例 主語 鳥が　述語 飛ぶ。（主・述の関係）

文の基本的な骨組み。

※主語が省略された文もある！

◎修飾《しゅうしょく》・被《ひ》修飾の関係…他の文節を詳《くわ》しく説明する文節（ 修飾 語）と、詳しく説明される文節（ 被修飾 語）との関係。

例 修飾語 白い　被修飾語 鳥が　修飾語 空を　被修飾語 飛ぶ。（修飾・被修飾の関係）

どんな鳥が、どこを飛んでいるかを詳しくしている。

◎接続の関係…文と文、文節と文節をつなぐ 接続 語と、そのあとに続く文節との関係。

例 眠《ねむ》かった。接続語 でも、起きた。
眠いので、接続語 起きなかった。

前後の関係（逆接や順接など）を表す。

◎独立の関係… 独立 語と他の文節との関係。

例 独立語 ああ、眠い。　独立語 はい、起きます。

文節どうしの係り受けの関係がない。

詳しく！
修飾語には、「連体修飾語」と「連用修飾語」とがある。
①連体修飾語
体言（名詞）を含《ふく》む文節を修飾する。
②連用修飾語
用言（動詞・形容詞・形容動詞）を含む文節を修飾する。
連体修飾語 白い → 名詞 鳥が　連用修飾語 空を → 動詞 飛ぶ。

2 文の成分・連文節

(1) 文の成分

◎文の成分…（・一つの文を構成するときの、ある役割をもったまとまり。・ 文節 が基本の単位。「文節どうしの関係」 ▶P.11 とも関連する。）

◎文の成分は、五つ

●主語…文中で、「 誰《だれ》 が」「何が」にあたる文節。

●述語…文中で「どうする」「どんなだ」「 何だ 」「ある・いる・ない」にあたる文節。

原則として述語は文末にくる。

例 主語 犬が　述語 ほえる。（「どうする」）
主語 犬は　述語 かわいい。（「どんなだ」）
主語 犬も　述語 動物だ。（「何だ」）
主語 犬だけ　述語 いる。（「いる」）

● 修飾《しゅうしょく》 語…あとの文節の内容を詳《くわ》しく説明する文節。

例 修飾語 小さい（「どんな」） 犬が 走る。
犬は 修飾語 とても（「どのくらい」） かわいい。

●接続語…文と文、文節と文節を つなぐ 働きをする文節。

例 夕方に なった。接続語 だから（順接）、帰った。
接続語 苦しかったが（逆接）、走り通した。

● 独立 語…他の文節と直接関係がない文節。

例 独立語 ほら（呼びかけ）、見て ごらん。
独立語 まあ（感動）、驚《おどろ》いた。

ミス注意！
主語の形は、「～が」「～は」だけではない。「～も」「～だけ」や、
・主語 僕こそ 大切だ。
・主語 君だって できる。
などの形もある。


詳しく！

修飾語は、
・あとのどの文節を詳しくしているのか
・何を詳しくしているのか
を考えながら見つける。
・連体修飾語…「どんな」「何の（誰《だれ》の）」など。
・連用修飾語…「どのくらい」「どのように」「いつ」「どこに（で）」「誰と」「何を」など。

(2) 連文節

◎連文節…（・ 二 つ以上の文節がひとまとまりになって、 文の成分 と同じ働きをする。・それぞれ、 主 部・述部・修飾部・接続部・独立部とよぶ。）

例 主部（何が） 小さい 犬が 走る。 明日は 私の 述部（何だ） 誕生日だ。 犬が 修飾部（どこで） 花の 前で 立ち止まる。
接続部（順接） 犬が ほえたので、 怖《こわ》かった。 独立部（呼びかけ） クラスの みんな、 ありがとう。

◎必ず連文節になるもの

●並立《へいりつ》の関係…二つ以上の文節が対等な関係で並ぶ。

● 補助 の関係…主な意味を表す文節に、意味を補う文節が付く。

例 主部 雨や 風が（ 並立 の関係） 強い。
子供が 述部 泣いて いる。（補助の関係）

詳しく！

「並立の関係」にある文節どうしは、含《ふく》まれる自立語を入れ替《か》えても、意味が変わらない。

雨や 風が 強い。

＝

風や 雨が 強い。

詳しく！
「補助の関係」の連文節の形。
例 持って あげる
言って おく
欲《ほ》しく ない
着て みる
遊んで やる

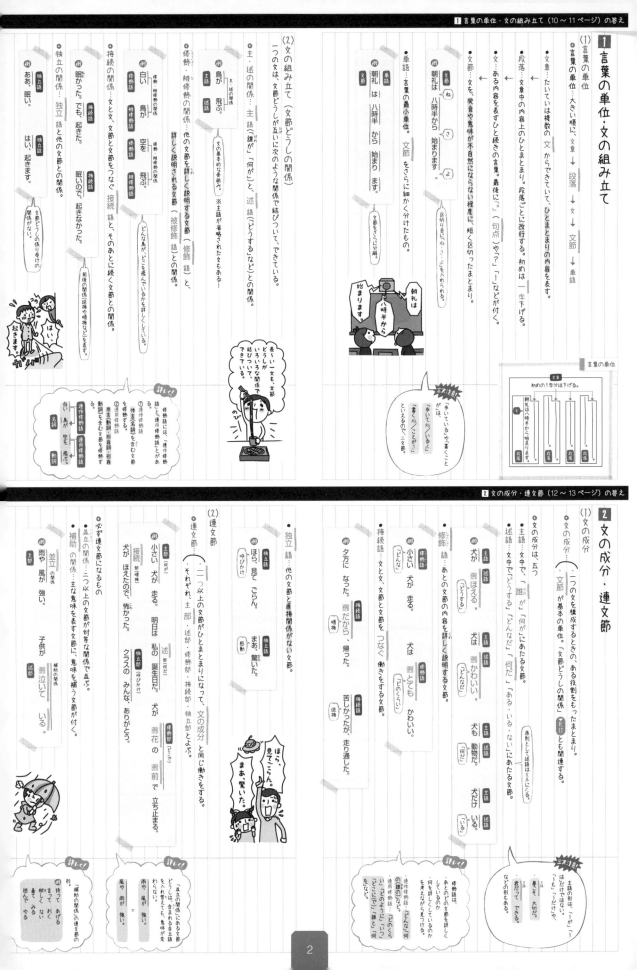

3 単語の分類

(1) 単語の分類のしかた

◎全ての単語は、
・自立語か、付属語か
・活用するか、活用しないか
・どんな文の成分になるか
などで、分類できる。

詳しく!
「自立語で、活用しないで、主語になる」「自立語で、活用して、述語になる」のように分類できる。

◎自立語・付属語

●自立語…
・それだけで 文節 が作れる。
・一文節中に必ず 一 つだけあり、しかも文節の初めにくる。

●付属語…
・自立語 のあとに付いて、文節を作る。
・一文節中に一つもないことも、複数あることもある。

いろいろな文節
・自
・自＋付
・自＋付＋付
・自＋付＋付＋付＋……

例 本を／読みます。（本：自立語、を：付属語）
とても／静かだ。（自立語）
妹に／行かせましょう。（妹：自立語、に・せ・ましょ・う：付属語）

一文節中に、付属語が三つある。

詳しく!
まず、文節に分けて、次に単語に分ける。
・各文節の初めの単語が自立語で、残りは付属語。
・自立語だけの文節もある。
・付属語だけの文節はない。

◎活用する・活用しない

●活用する…あとに続く言葉によって、単語の形が変化 する 。

例 買う・買わ ナイ・買いマス・買えバ
細い・細くナイ・細かっタ・細けれ バ

●活用しない…あとにどんな単語が続いても、単語の形が変化しない。

(2) 品詞

◎品詞…単語を、自立語か付属語か、活用するかしないか、どんな文の成分になるかや、言い切り の形などで分類したもの。
十 種類に分けられる。

品詞分類表

単語
- 自立語
  - 活用しない
    - 主語になる（体言）…………名詞 例（北海道《ほっかいどう》・家・十時・あなた）
    - 修飾語《しゅうしょくご》になる
      - 主に 用言 を修飾…………副詞 例（ゆっくり・とても）
      - 体言を修飾…………連体詞 例（この・いわゆる）
    - 接続語になる…………接続詞 例（そして・だから）
    - 独立語になる…………感動詞 例（まあ・いいえ）
  - 活用する
    - 述語になる（用言）
      - ウ 段の音で終わる…………動詞 例（歩く・食べる）
      - 「い」で終わる…………形容詞 例（美しい・冷たい）
      - 「だ・です」で終わる…………形容動詞 例（変だ・静かです）
- 付属語
  - 活用 しない…………助詞 例（が・を・は・のに）
  - 活用する…………助動詞 例（だ・らしい・ます）

(3) 体言と用言

◎体言… 名詞 のこと。「が」や「は」を付けて、主語 になることができる。

◎用言…動詞・形容詞 ・形容動詞のこと。

4 動詞1

(1) 動詞とは

◎人やものなどが「どうする」「どうなる」「ある・いる」ことを表す。

◎活用する 自立 語で、用言 の一つ。

◎言い切りの形が ウ 段の音になる。

例 立つ（tu） 広がる（ru） 干す（su）

◎それだけで 述 語になれる。付属語を伴《ともな》って、いろいろな文の成分になる。

例 車が走る。（走る：動詞、述語）
走るのが好きだ。（の・が：付属語、主語）
走るように促《うなが》す。（ように：付属語、修飾語《しゅうしょくご》）
走れば、間に合う。（ば：付属語、接続語）

詳しく!
動詞は、動作・変化・存在などを表す単語である。

(2) 動詞の活用

◎活用の種類

動詞は、活用語尾《ごび》の変化のしかたによって、次の 五 種類に分類できる。

●五段活用…活用語尾が、ア・イ・ウ・エ・オの 五段 に沿って変化。

●上《かみ》一段活用…活用語尾が、イ 段の音を中心に変化。

●下《しも》一段活用…活用語尾が、エ 段の音を中心に変化。

●カ行変格活用（カ変）…カ行の音で、変則的に変化。「 来る 」の一語だけ。

●サ行変格活用（サ変）…サ行の音で、変則的に変化。「する」と「～する（ずる）」の形の複合動詞。

活用の種類ごとの語例

活用の種類	語例
五段活用	知る・書く・遊ぶ
上一段活用	着る・似る・見る
下一段活用	得る・出る・教える
カ行変格活用	来る（この一語だけ。）
サ行変格活用	する・成功する・信ずる

五段活用以外の動詞は、全て「～る」という語形になる。

◎活用形…あとに続く言葉（続き方）によって分けた、次の 六 つの形。

●未然形…「ナイ・ウ・ヨウ」などに続く。

●連用形…用言や「マス・タ・テ」などに続く。

●終止形…言い切る。「ト・カラ・ケレドモ」などに続く。

●連体形…体言や「ノニ・ノデ」などに続く。

●仮定形…「バ」に続く。

●命令形…命令して言い切る。

六つの活用形のよび方は、活用する品詞全てに共通だよ。

◎動詞の活用表…活用の種類ごとに、活用語尾の変化のしかたをまとめた表。

変化するところ。

詳しく!
五段活用の連用形に「タ（ダ）」や「テ（デ）」が続くとき、活用語尾が「い」や「っ」や「ん」になることがある。
＝音便《おんびん》
イ音便…書きタ→書いタ
促音便《そくおんびん》…言いテ→言っテ
撥音便《はつおんびん》…遊びテ→遊んデ

動詞の活用表

活用の種類	基本形	語幹（変化しないところ）	未然形	連用形	終止形	連体形	仮定形	命令形
主な続き方			―ナイ ―ウ ―ヨウ	―マス ―タ ―テ	言い切る。	―トキ ―ノデ	―バ	命令して言い切る。
五段活用	待つ	ま	―た ―と	―ち ―っ	―つ	―つ	―て	―て
上一段活用	起きる	お	―き	―き	―きる	―きる	―きれ	―きろ ―きよ
下一段活用	食べる	た	―べ	―べ	―べる	―べる	―べれ	―べろ ―べよ
カ行変格活用	来る（一語だけ）	○	こ	き	くる	くる	くれ	こい
サ行変格活用	する	○	し せ さ	し	する	する	すれ	しろ せよ

ta・to・ti・tu・teと五段に沿って変化。

ki・ki・kiru・kiru…とイ段で変化。

be・be・beru・beru…とエ段で変化。

サ変の未然形の「せ」は助動詞「ヌ（ズ）」に、「さ」は助動詞「レル」「セル」に続く。

詳しく!
カ変とサ変以外の動詞は、あとに「ナイ」を続けてみて、直前の音で、活用の種類がわかる。
・待つ→待たナイ
直前が「た（ta）」でア段の音→五段活用
・起きる→起きナイ
直前が「き（ki）」でイ段の音→上一段活用
・食べる→食べナイ
直前が「べ（be）」でエ段の音→下一段活用

5 動詞2

● 動詞の種類
動詞はその性質・働きによって、次のように分けることがある。

◎ 自動詞・他動詞
● 自動詞…主語の動作・変化を表し、「～を」という目的語を必要と しない 動詞。
● 他動詞…他への動作・変化を表し、目的語を必要と する 動詞。

例 火が消える。（自動詞）―― 火を（目的語）消す。（他動詞）
水が流れる。（自動詞）―― 水を（目的語）流す。（他動詞）

● 自動詞と他動詞で形が変わらない動詞
例 幕が閉じる。（自動詞）―― 目を閉じる。（他動詞）
心に触《ふ》れる。（自動詞）―― 手を触れる。（他動詞）

● 自動詞・他動詞しかない動詞
自動詞だけ…例 ある・行く・いる・来る
他動詞だけ…例 書く・着る・食べる・投げる

全ての動詞が自動詞・他動詞の組になるわけではないんだね。

詳しく！
自動詞と他動詞が組みになる動詞
例 （自動詞）（他動詞）
開《あ》く――開《あ》ける
当たる―当てる
集まる―集める
壊《こわ》れる―壊す
覚める―覚ます
沈《しず》む――沈める
閉まる―閉める
広がる―広げる

ミス注意！

自動詞・他動詞・可能動詞・補助動詞は、品詞名ではない。動詞の中の、その性質・働きによる分類。

◎ 可能動詞…「～できる」という意味を表す動詞。五段活用の動詞が形を変えたもので、可能動詞になると、活用の種類が 下一段 活用へと変わる。 命令 形はない。

可能動詞

五段活用動詞	会う	歩く	泳ぐ	持つ	飛ぶ	飲む
可能動詞（下一段活用）	会える	歩ける	泳げる	持てる	飛べる	飲める

● 可能動詞と紛《まぎ》らわしい言葉
例 着られる…上一段活用動詞「着る」＋【可能】の助動詞「られる」。
食べられる…下一段活用動詞「食べる」＋【可能】の助動詞「られる」。

「着れる」「食べれる」は、これらの「ら抜《ぬ》き言葉」なので、やはり可能動詞ではない!!


ミス注意！

五段活用とサ変以外の動詞に可能の意味をもたせるときは、助動詞「られる」を付ける。だから、可能動詞「読める」は一単語だが、

「着られる」は
「着る」＋「られる」

「食べられる」は、

「食べる」＋「られる」

で、二単語になる。

◎ 補助動詞…その動詞本来の意味が薄《うす》れて、直前の文節の意味を補うために用いられる動詞。直前の文節と共に連文節を作る。（▶P.13「補助の関係」）

例 風が吹《ふ》いている。（連文節）（補助動詞）
本を読んでもらう。（連文節）（補助動詞）
手紙を取っておく。（連文節）（補助動詞）

「人がいる。」「お小遣《こづか》いをもらう。」「本を机の上におく。」などという場合の、本来の動詞とは、意味が異なる。

詳しく！

補助動詞には、他に「いく・くる・しまう・みる」などがある。

例 寄っていく。

見てくる。

帰ってしまう。

読んでみる。
・補助動詞の直前は、「～て（で）」の形のことが多い。
・補助動詞はひらがなで書くことが多い。

6 形容詞

(1) 形容詞とは
◎ 人やものなどが「どんなだ」（性質・状態・感情など）を表す。
◎ 活用する自立語で、 用言 の一つ。
◎ 言い切りの形が「 い 」で終わる。
◎ それだけで述語や 修飾《しゅうしょく》 語になれる。また、付属語を伴《ともな》って、いろいろな文の成分になる。

"形容"＝姿や様子などを言葉で言い表すこと。

例 頬《ほお》が赤い。（述語）（形容詞）
頬が赤くなる。（修飾語《しゅうしょくご》）
赤いのが、私の傘《かさ》だ。（主語）（付属語）

形容詞の語例
明るい↕暗い　細い↕太い
うれしい↕悲しい　おいしい↕まずい
大きい↕ 小さい 　広い↕ 狭《せま》い

ミス注意！
言い切りの形が「～い」だから「形容詞」と、決めつけない！
○危ない…形容詞
×わからない…動詞「わかる」＋否定（打ち消し）の助動詞「ない」

(2) 形容詞の活用
◎ 活用の種類と活用形
● 活用の種類は 一 種類。
● 「～い」の形の形容詞も、「～しい」の形の形容詞も、活用語尾《ごび》は同じ。
● 終止形と 連体 形が同じ形。 命令 形がない。

ミス注意！

語形が似ていても、品詞は別！
・「悲しむ」は動詞。
・「悲しい」は形容詞。
例 君が悲しめば、（動詞）
僕《ぼく》も悲しくなる。（形容詞）

◎ 形容詞の活用表
活用形の「主な続き方」が、動詞と異なる。

形容詞の活用表

基本形	語幹（変化しないところ）	未然形	連用形	終止形	連体形	仮定形	命令形
主な続き方		―ウ	―タ ―ナイ ―ナル	言い切る。	―トキ ―ノデ	―バ	
広い	ひろ	―かろ	―かっ ―く ―う	―い	―い	―けれ	○
楽しい	たのし	―かろ	―かっ ―く ―う	―い	―い	―けれ	○

「～い」も「～しい」も活用のしかたは同じ。


詳しく！

形容詞にも音便《おんびん》あり！

形容詞の連用形「～く」＋「ございます」「存じます」

↓

「～うございます」

「～う存じます」

「く」がウ音便になる。

例 ・寒うございます。
・うれしゅう（＝うれしく）存じます。

(3) 補助形容詞
その形容詞本来の意味が薄《うす》れて、直前の文節の意味を補うために用いられる形容詞。直前の文節と共に連文節を作る。主に、「 ない 」「 ほしい 」「よい」の三つ。

例 今日は暑くない。（連文節）（補助形容詞）
僕《ぼく》と遊んでほしい。（連文節）（補助形容詞）
中に入ってよい。（連文節）（補助形容詞）

「時間がない。」「水がほしい。」「景色がよい。」などという場合の、本来の形容詞とは、意味が異なる。

ミス注意！
補助形容詞と形容詞の見分け方
・補助形容詞の直前は、補助動詞と同じく、「～て（で）」の形になっていることが多い。
例 きれいでない。（補助形容詞）
・補助形容詞は、直前に「は」や「も」を加えても、意味が通じる。
例 ○今日は暑くは ない。（補助形容詞）
×時間がは ない。（形容詞）

7 形容動詞

(1) 形容動詞とは

- 人やものなどが「どんなだ」（性質・状態・感情など）を表す。
- 活用する自立語で、用言の一つ。
- 言い切りの形が「だ」「です」で終わる。
- それだけで述語や修飾語《しゅうしょくご》になれる。また、付属語を伴《ともな》って、いろいろな文の成分になる。

例 形容動詞
妹は元気だ。（述語）
夏休みを元気に過ごす。（修飾語）
元気なのが一番だ。（主語）（「の」「が」付属語）

形容動詞の語例
健康だ　静かだ
親切だ　明らかだ
朗《ほが》らかだ　穏《おだ》やかだ
健《すこ》やかだ　華《はな》やかだ

ミス注意！
・温かい…形容詞
・温かだ…形容動詞
「きれい」の場合は、形容動詞「きれいだ」の語幹なので、形容詞ではない。

(2) 形容動詞の活用

- 活用の種類は、「～だ」と「～です」の形の二種類。
- 活用形の「主な続き方」は形容詞と同じ。ただし、「～です」の形の語には仮定形もない。
- 終止形と連体形の形が異なる。

詳しく！
形容動詞の基本的な形は三種類。
・和語…静かだ・穏やかだ
・漢語＋だ…健康だ・豪快《ごうかい》だ
・外来語＋だ…スマートだ・ラッキーだ
「漢語＋だ」「外来語＋だ」の形の言葉が出てきたら、形容動詞の可能性あり。

- 形容動詞の活用表

形容動詞の活用表

基本形	語幹（変化しないところ）	未然形	連用形	終止形	連体形	仮定形	命令形
穏やかだ	おだやか	―だろ	―だっ ―で ―に	―だ	―な	―なら	○
元気です	げんき	―でしょ	―でし	―です	(―です)	○	○
主な続き方		―ウ	―タ ―ナイ ―ナル	言い切る。	―トキ ―ノデ	―バ	

特に、「～だ」のほうの活用が重要！

(―です)は、「元気ですので、ご心配なく。」などという場合。

(3) 形容動詞と「名詞＋助動詞『だ・です』」との見分け方

形容動詞の直前には「とても」などを入れることができる。

例
父は健康だ。（形容動詞）（とても）
目標は健康だ。（名詞＋助動詞）
私は幸せです。（形容動詞）
人々が望むのは幸せです。（名詞＋助動詞）

「目標はとても健康だ。」では、意味が通らない。

詳しく！
文によっては、「～な」の形にして体言に続けてみても、品詞を見分けられる。
・意味が変わらない。
＝形容動詞
例 父は健康だ。
↓○健康な父
・意味が通らない。
＝名詞＋助動詞「だ」
例 目標は健康だ。
↓×健康な目標

8 名詞

(1) 名詞とは

- 生き物や物、事柄《ことがら》などを表す。
- 活用しない自立語。
- 用言に対して体言とよばれる。
- 助詞「が・は・も」などを伴《ともな》って、主語になる。
- 付属語を伴って、いろいろな文の成分になる。

例 名詞
店が開く。（主語）
当番はあなたです。（主語）（述語）
日本の首都。（（連体）修飾語《しゅうしょくご》）
声を出す。（（連用）修飾語）

(2) 名詞の種類

- 普通《ふつう》名詞…一般的《いっぱんてき》な物事の名前。 例 本・スポーツ・生徒・考え
- 代名詞…人や物事などを指し示す語。 例 私・それ・ここ・あちら
- 固有名詞…人名・地名・作品名など、そのものだけの名前。 例 池田《いけだ》さん・長野県《ながのけん》・竹取物語《たけとりものがたり》
- 数詞…物の数や量・時刻・順序など。 例 一つ・三時・五番目

ミス注意！
目に見える物の名前だけが名詞ではない。
「気持ち」「意見」「熱さ」など、目に見えないものの呼び名も名詞。

詳しく！
「数詞」は具体的な数字の入ったものだけではない。はっきりとわからない数や量などを表す単語も、数詞。
何年・何番
何名・いくら
｝数詞

- 形式名詞…「～もの」「～こと」など、補助的に使われる語。 例 慌《あわ》てると失敗するものだ。

(3) 代名詞と「こそあど言葉」

代名詞は、二種類に分かれる。

- 代名詞…
  - 人称《にんしょう》代名詞…人を指し示す。 例 私・君・あなた・彼《かれ》・彼女《かのじょ》
  - 指示代名詞…事物・場所・方向を指し示す。 例 これ・それ・あそこ・どちら

詳しく！
形式名詞は、ひらがなで書くことが多い。また、直前に必ず、連体修飾語（動詞や形容詞などの連体形、連体詞など）が付く。
例
・負けることもある。（連体修飾語（動詞の連体形））
・練習を欠かさないとは、えらいものだ。（連体修飾語（形容詞の連体形））

- 指示代名詞と「こそあど言葉」

指示代名詞は、「こそあど言葉」のうちの一つ。

指示代名詞

指し示すもの	近称《きんしょう》（話し手に近い。）	中称（聞き手に近い。）	遠称（話し手と聞き手のどちらからも遠い。）	不定称（指すものがはっきりしない。）
事物	これ	それ	あれ	どれ
場所	ここ	そこ	あそこ	どこ
方向（方角）	こちら こっち	そちら そっち	あちら あっち	どちら どっち

ミス注意！
「こそあど言葉」＝「指示代名詞」ではない。
他に三つの品詞がある。
〈他の「こそあど言葉」〉

品詞	近称	中称	遠称	不定称
副詞	こう	そう	ああ	どう
連体詞	この	その	あの	どの
形容動詞	こんなだ	そんなだ	あんなだ	どんなだ

こういう場合は、指示代名詞であることが多い。
・場所や方向を指している。
・助詞や助動詞に続いている。

9 副詞

(1) 副詞とは

- 物事の状態（様子）や 程度 を表す。
- 活用 しない 自立語。
- 主に 用 言を修飾《しゅうしょく》する。

例 くっきり見える。（副詞→動詞）　かなり寒い。（副詞→形容詞）　ずいぶん静かだ。（副詞→形容動詞）

(2) 副詞の種類

- 状態 の副詞…「どのように」どうする（なる）かを詳《くわ》しくする。主に 動 詞を修飾する。

例 やっと終わる。　直ちに始める。（副詞）

- 程度 の副詞…「どのくらい」の程度かを詳しくする。用言や、名詞・副詞を修飾する。

例 とても難しい。（副詞→形容詞）　たいそう不思議だ。（副詞→形容動詞）

状態の副詞の語例

そっと・ふと
ついに・しっかり
いきなり・すっかり

程度の副詞の語例

たいへん・ずいぶん・
いくぶん・わずか・
よほど・かなり

詳しく！
①副詞には語尾《ごび》が「と・に・り・ん」で終わるものが多い。
②「擬態語《ぎたいご》」や「擬声（音）語」は、状態の副詞に入る。
例「さらさら（と）」「ふわっと」「ワンワン（と）」

詳しく！
程度の副詞が名詞（を含《ふく》む文節）や副詞を修飾するのは、次のような場合。
・ずっと前に、彼《かれ》に会った。（副詞→名詞）
・もっとゆっくり歩こう。（副詞→副詞）

- 呼応 の副詞…あとに、決まった言い方（決まった助詞や助動詞など）がくる。否定（打ち消し）や推量など、話し手・書き手の気持ちを表す。
（陳述《ちんじゅつ》・叙述《じょじゅつ》）

- あとに 否定（打ち消し） の表現……例 ちっとも知らない。　めったに会え ない。
- あとに 推量 の表現……例 きっと勝つだろう。　たぶん晴れるでしょう。
- あとに希望の表現……例 ぜひ来てください。　どうかがんばってほしい。
- あとに 仮定 の表現……例 たとえ苦しく 例 ても、続ける。　もし雨なら ば、中止だ。
- あとに比喩《ひゆ》（たとえ）の表現……例 まるで春の 例 ように 暖かい。　あたかも笑っているようだ。
- あとに 疑問（反語）の表現……例 どうして行くのです か。　なぜ山に登るのか。
- あとに否定の推量の表現……例 まさかそんなことはあるまい。　よもや知るまい。

詳しく！
「呼応の副詞」は、「陳述《ちんじゅつ》の副詞」「叙述《じょじゅつ》の副詞」ともいう。

詳しく！
その他の呼応の副詞
・あとに否定…決して・少しも
・あとに推量…おそらく
・あとに仮定…いくら・かりに
・あとに比喩…ちょうど

10 連体詞・接続詞・感動詞

(1) 連体詞

- 連体詞とは…
  - 活用 しない 自立語。
  - 体言（名詞）を含《ふく》む文節だけを修飾《しゅうしょく》する。（ 連体 ）修飾語になる。

例 この水は冷たい。（連体詞→名詞）　いろんな店がある。（→名詞）

- 連体詞の種類…連体詞は、語尾《ごび》の形で分けられる。

連体詞の種類

「～の」型	「～る」型	「～た・だ」型	「～な」型	「～が」型
この・その あの・どの ほんの	ある・去る いわゆる・来《きた》る あらゆる	たいした とんだ	大きな・小さな おかしな いろんな	我が

ミス注意！
連体詞と、形の似た形容詞・形容動詞との見分け方。
・連体詞は活用しない。
大きな
おかしな
小さな
いろんな
・形容詞・形容動詞は活用する。
大きい
おかしい
小さい
……形容詞
いろいろな…形容動詞
（「いろいろだ」の連体形）

(2) 接続詞

- 接続詞とは…
  - 前後の文や語を つなぐ 。
  - 活用 しない 自立語。
  - それだけで、文の成分である接続語になる。

ミス注意！
「接続語」…文の成分の一つ。
「接続詞」…品詞の一つ。
接続語という場合は、一単語のことも、二単語以上のこともある。
・寒い。だから、上着を着た。（接続語（接続詞））
・寒いので、上着を着た。（接続語（形容詞＋助詞「ので」））

例 ピーマンは苦手だ。でも、残さずに食べた。（接続詞 逆接 ）　土曜日、または日曜日に出かけよう。（接続詞（対比・選択《せんたく》））

- 接続詞の種類…前後のつなぎ方によって、六種類に分けられる。

接続詞の種類

- 順 接……前が理由であとが結果。　例 だから・すると・したがって
- 逆 接……前とは逆の内容があとにくる。　例 しかし・ところが・だが・でも
- 並立《へいりつ》・累加《るいか》……並べる。付け加える。　例 また・および・さらに・それから
- 対比・選択……比べる。選ぶ。　例 あるいは・それとも・もしくは
- 説明・補足…前の説明をする。　例 つまり・すなわち・ただし・なぜなら
- 転換《てんかん》……話題を変える。　例 さて・ところで・では

ミス注意！
「また」には、接続詞と副詞とがある。
・兄がいて、また、姉もいる。（接続詞）
・明日、また会おう。（副詞）
接続詞「また」の位置は動かせないが、副詞「また」の位置は動かしても、意味が変わらない。
・また明日、会おう。

(3) 感動詞

- 感動詞とは…
  - 活用 しない 自立語。
  - 文の成分としては 独立 語になる。

例 あっ、流れ星だ。（感動詞（感動））　ほら、見てごらん。（感動詞（ 呼びかけ ））

- 感動詞の種類
  - 感動 …例 ああ・あら・えっ
  - 呼びかけ …例 おい・さあ・もしもし
  - 応答 …例 ええ・いいえ・はい
  - 挨拶《あいさつ》 …例 こんにちは・こんばんは・さようなら

ミス注意！
感動詞と紛《まぎ》らわしい語に注意。
・あれ、雨かな。（感動詞）
・あれ、誰《だれ》の帽子《ぼうし》ですか。（名詞（代名詞））
・まあ、すごいわ。（感動詞）
・友達と行くなら、まあいいだろう。（副詞）

11 助詞1

(1) 助詞とは

◎性質と働き {
●活用 しない 付属語。
●語と語の関係を示したり、意味を付け加えたりする。
}

◎助詞の種類… {
● 格 助詞 例 月が出る。
● 接続 助詞 例 走れば、間に合う。
● 副 助詞 例 少しだけください。
● 終 助詞 例 さあ、始まるよ。
}

(2) 格助詞… {
◎主語を作ったり、修飾語《しゅうしょくご》を作ったりする。
◎格助詞は 十 種類。
◎ 接続 主に 体言 に接続する。
}

格助詞

格助詞	主な働き	用例	格助詞	主な働き	用例
が	主語 を作る	雨が降る。	を	対象 など	りんごを買う。
に	場所・相手 など	学校に行く。父に話す。	の	連体修飾語を作る（誰《だれ》の・何の）	私の本。机の上。
と	相手・引用 など	犬と散歩する。「はい。」と言う。	から	起点・原因など	明日から休みだ。疲労《ひろう》から倒《たお》れる。
で	場所・時間・手段・材料など	公園で遊ぶ。五時で閉まる。	へ	方向・対象など	白鳥が北へ帰る。
より	比較《ひかく》 など	これより良い。	や	並立《へいりつ》 の関係を作る	顔や手を洗う。

格助詞のゴロ合わせ
「鬼《おに》が戸《と》より出《で》、空《から》の部屋《へや》」

詳しく!
格助詞「の」の、その他の働き
・部分の主語
例 私の好きな本です。
↓「が」に言い換《か》えられる。
・体言の代用
例 赤いのが欲《ほ》しい。
↓「もの・こと」などに言い換えられる。

(3) 接続助詞… {
◎前後の文節を つなぎ 、前後のさまざまな関係を示す。
◎ 接続 主に、活用 する 語（動詞・形容詞・形容動詞・助動詞 ）に接続する。
}

接続助詞

接続助詞	主な働き	用例	接続助詞	主な働き	用例
て（で）	順接（方法など）	歩いて帰る。	から	順接（理由など）	軽いから持てる。
ので	順 接（理由など）	雨なので中止だ。	ば	順接（ 条件 など）	車で行けば、すぐだ。
と	順接・逆接	笑うと福が来る。負けようと、平気だ。	が	逆 接	四月だが寒い。
けれど	逆 接	並んだけれど、買えなかった。	のに	逆 接	若いのに感心だ。
ながら	逆接・同時並行《へいこう》など	高齢《こうれい》ながら元気だ。食べながら歩く。	たり（だり）	並立	見たり聞いたりする。

ミス注意!
形が同じ、格助詞・接続助詞の見分け方
体言に接続＝格助詞
活用する語に接続＝接続助詞
例
が { 格 ビル が建つ。 / 接 寒い が気持ちいい。 }
と { 格 君 と行こう。 / 接 右折する と、銀行だ。 }
から { 格 三時 から練習だ。 / 接 安い から買う。 }
で { 格 木材 で作る。 / 接 混ん でいる。 }

詳しく!
その他の接続助詞
例
・泣いても、だめだ。
・安いし、おいしい。
・犬を飼ったものの、世話が大変だ。
・理由を言ったところで、無駄《むだ》だ。
・働きつつ、学ぶ。
・家に着くなり、テレビをつける。

12 助詞2

(1) 副助詞… {
◎限定、程度、強調など、いろいろな意味を付け加える。
◎ 接続 体言・用言・助詞など、いろいろな語に接続。
}

副助詞

副助詞	主な意味	用例	副助詞	主な意味	用例
は	題目取り立て	富士山《ふじさん》は美しい。右の部屋は婦人用だ。	こそ	強調	来年こそ頑張《がんば》ろう。
も	同類・強調程度	兄も姉もいる。十日も休むのか。	さえ	限定類推・添加《てんか》	出場さえすれば、満足だ。
でも	例示・類推	音楽でも聴《き》こう。大人でもできない。	など	例示	りんごなど、果物が好きだ。
しか	限定	肉しか食べない。	だけ	限定	一つだけ残った。
ばかり	程度限定	三日ばかり出かける。水ばかり飲む。	まで	限度・類推到着点《とうちゃくてん》添加	明日まで待つ。屋上まで上る。大雨に、風まで吹《ふ》く。
くらい	程度	これくらいの広さだ。	ずつ	割り当て	二つずつ配る。

あとに否定の表現がくる。

「は」は、体言に接続し、主語を示すことが多いが、格助詞ではない!

詳しく!
副助詞が、用言や助詞に接続する場合
例
・ 努力する しかない。 動詞（連体形）
・あなた に もできる。 格助詞

詳しく!
その他の副助詞
例
・一人きりで過ごす。
・妹にだってできる。
・メールでなり知らせてほしい。
・泣くやら笑うやら、大変だ。
・野菜を三分ほどゆでる。
・何か音がした。

(2) 終助詞… {
◎ 文 や文節の終わりに付く。
◎話し手・書き手の 気持ち や態度を表す。
◎終助詞は重ねて使われることもある。
}

例「変かなあ。」「違《ちが》うわよ。」

終助詞

終助詞	主な意味	用例	終助詞	主な意味	用例
か	疑問・反語勧誘《かんゆう》・感動	雨はやむだろうか。さあ、帰ろうか。	な（なあ）	感動	きれいだな。
な	禁止命令	ここで遊ぶな。毎日練習しな。	の	疑問命令	いつ終わるの。ほら、急ぐの。
ぞ	強調	きっと勝つぞ。	よ	勧誘念押《ねんお》し	ねえ、行こうよ。手はよく洗うんだよ。
ね（ねえ）	感動	すごいね。	わ	感動	ついにできたわ。

見分け方
・終止形＋「な」↓禁止
例 その部屋へ 入る な。
・連用形＋「な」↓命令
例 その部屋へ 入り な。

ミス注意!
終助詞は、文中にあることもある。
例
・きれいだね、とても。
・できるか、君に。
・いいよ、任せておけ。

副助詞「か」との見分け方
「か」のあとに「。」を付けて意味が通れば、終助詞。

詳しく!
その他の終助詞
例
・あれは誰《だれ》かしら。
・いいとも。
・そういうことさ。
・諦《あきら》めるものか。
・そろそろ行くぜ。

13 助動詞1

(1) 助動詞とは

◎活用 する 付属語。

◎用言・体言(名詞)・他の助動詞などに接続する。

例 夏が来た。（動詞 助動詞）　夕飯はごちそうらしい。（名詞 助動詞）　夏はまだ来ないようだ。（助動詞 助動詞）

◎意味を付け加えたり、話し手・書き手の 気持ち や判断を表したりする。

(2) 助動詞の意味

◎せる・させる【 使役《しえき》 】

例 生徒を早めに帰らせる。（五段活用）　妹に道順を覚えさせる。（下一段活用）

せる…五段・サ変の動詞に接続。
させる…上一段・下一段・カ変の動詞に接続。

◎たい・たがる【希望】

例 私は歌手になりたい。【自分の希望】　弟はゲームばかりしたがる。【 自分 以外の希望】

詳しく!

各助動詞の、活用語への接続のしかた

未然形に接続
せる・させる
れる・られる
ない・ぬ(ん)
う・よう
まい＊

連用形に接続
たい・たがる
ます
た(だ)
そうだ(推定・様態)

終止形に接続
らしい
まい＊
だ・です
そうだ(伝聞)

連体形に接続
ようだ

＊「まい」は五段活用の動詞には終止形、それ以外の動詞には未然形に接続する。▼P.43下段

◎ない・ぬ(ん)【 否定 (打ち消し)】

例 ドアが開かない。　諦《あきら》めてはならぬ(ん)。

◎だ・です【 断定 】

例 ニュースの時間だ。　趣味《しゅみ》は釣《つ》り 例 です 。

「だ」の丁寧《ていねい》な言い方が「です」。

◎らしい【 推定 】

例 台風が近づいているらしい。　この冬は暖冬 らしい 。

◎ます【丁寧】

例 毎朝、六時に起きます。　花が風に揺《ゆ》れてい ます 。

助動詞が重なる例

助動詞は重ねて使われることが多い。

例 ・公園で遊びました。
・明日も晴れないらしい。
・弟にも食べさせたいです。

ミス注意!

助動詞「ない」と、補助形容詞「ない」の見分け方

「ぬ」に言い換えて意味が通れば、助動詞。

例 ・よくわからない。（助動詞）↓○わからぬ
・それはよくない。（補助形容詞）↓×よくぬ

ミス注意!

助動詞「らしい」と、形容詞を作る接尾語《せつびご》「～らしい」の見分け方

「どうやら」を補えれば助動詞、「いかにも」を補えれば形容詞。

例 ・あの子は背は高いが、（どうやら）中学生らしい。↓助動詞
・あの子はいつも元気で、（いかにも）中学生らしい。↓形容詞

14 助動詞2

● 複数の意味をもつ助動詞の意味

◎れる・られる【 受け身 ・ 可能 ・ 自発 ・尊敬】

例 最終回にヒットを打たれる。【 受け身 】　姉は一人で和服を着られる。【 可能 】
昔のことが思い出される。【 自発 】　先生が風邪《かぜ》で休まれる。【尊敬】

れる…五段・サ変の動詞に接続。
られる…上一段・下一段・カ変の動詞に接続。

◎た(だ)【 過去 ・ 完了《かんりょう》 ・存続・想起】

例 日曜日に、父と出かけた。【 過去 】（過去を表す言葉があるか、補える。）
やっと宿題が終わった。【 完了 】（「今、～たところだ」と言い換《か》えられる。）
壁《かべ》に掛《か》かった時計。【存続】（「～ている」と言い換えられる。）
今日は月曜日だったね。【想起】

「だ」は、「た」が動詞の音便形《おんびんけい》に付いて濁音化《だくおんか》したとき。

◎そうだ・そうです【推定・様態／伝聞】

例 会議が始まり そうだ。【推定・様態】（連用形）　会議が始まる そうだ。【伝聞】（終止形）

詳しく!

「れる・られる」の意味の見分け方

言い換えて見分ける。
・受け身…「○○に～をされる」
・可能…「～することができる」
・自発…「自然と～する」
・尊敬…「お(ご)～になる」

ミス注意!

「そうだ」の意味の見分け方

・連用形に接続↓推定・様態
・終止形に接続↓伝聞

例 電車が遅《おく》れそうだ。（連用形）
例 電車が遅れるそうだ。（終止形）

◎う・よう【 推量 ・ 意志 ・ 勧誘《かんゆう》 】

う…五段活用の動詞に接続。
よう…五段活用以外の動詞に接続。

例 まもなく雨はやむだろう。【 推量 】（たぶん が補える。）
今夜こそ早く寝《ね》よう。【 意志 】（絶対に が補える。）
一緒《いっしょ》に食べよう。【 勧誘 】（さあ、が補える。）

「う・よう」は、助動詞に接続することもある。

◎ようだ・ようです【推定・比喩《ひゆ》(たとえ)】

例 誰《だれ》か来たようだ。【 推定 】（「どうやら～らしい」と言い換えられる。）
手が冷たくて氷のようです。【 比喩 (たとえ) 】（「まるで～のようです」と言い換えられる。）

「ようだ・ようです」は、格助詞「の」に接続することもある。

◎まい【否定(打ち消し)の推量・否定(打ち消し)の意志】

例 彼女《かのじょ》は、もし誘《さそ》っても行くまい。【否定の 推量 】（たぶん が補える。）
失敗は二度とするまいと、心に誓《ちか》う。【否定の 意志 】（決して が補える。）

詳しく!

「う」は、形容詞・形容動詞にも接続する。

例 ・明日は寒かろう。（形容詞）
・下りは登りより楽だろう。（形容動詞）

形容詞・形容動詞に接続した「う」は「推量」。

詳しく!

「まい」は、
・五段活用の動詞には、終止形に、
・それ以外の動詞には、未然形に、
接続するのが原則。
ただし、カ変とサ変の動詞には、終止形に接続することが多い。
・来るまい
・するまい
「しまい」（未然形＋まい）ともいう。

15 紛《まぎ》らわしい助詞・助動詞の見分け方

(1) 働きの見分け方

助詞「の」

●部分の主語…「が」に言い換《か》えられる。

例 水の落ちる音が聞こえる。→水が落ちる音が聞こえる。

●体言の代用…「こと」・もの・のもの」などに言い換えられる。

例 会うのが楽しみだ。→会うことが楽しみだ。

●連体修飾語《れんたいしゅうしょくご》…「体言＋の＋体言」の形。

例 桜の花びら。

〈格助詞〉

●文や文節の終わりに付いて、質問などを表す。

例 何を買ったの。

〈終助詞〉

(2) 品詞の見分け方

「で」

●格助詞「で」…主に 体言 に接続。 例 家で過ごす。

●接続助詞「て」の濁音化《だくおんか》…動詞の音便形《おんびんけい》に接続。 例 たくさん本を読んでほしい。

●形容動詞の連用形活用語尾《ごび》…「な」に言い換えて、体言に続けられる。

例 彼女《かのじょ》は、親切で優しい。→親切な彼女。

●断定の助動詞「だ」の連用形…「で」を「だ」にして、言い切れる。

例 兄弟は、兄が一人で妹が一人だ。→兄が一人だ。

「に」

●格助詞「に」…主に 体言 に接続。 例 友人に会う。

●形容動詞の連用形活用語尾…「な」に言い換えて、体言に続けられる。

例 朗《ほが》らかに笑う。→朗らか な 人。

●助動詞「ようだ」「そうだ」の連用形活用語尾… 例 「ように」「そうに」

「ない」

●助動詞…「ぬ」に言い換えられる。 例 買わない。→買わ ぬ 。

●補助形容詞…「ない」の前に「は」が補える。 例 美しくない。→美しくはない。

「らしい」

●助動詞…文節の前に「どうやら」が補える。 例 行くらしい。→どうやら行くらしい。

●形容詞を作る接尾語…文節の前に「いかにも」が補える。 例 いかにも春らしい陽気だ。

「だ」

●助動詞…前に連体修飾語が補える。 例 今日は晴天だ。→今日はすばらしい晴天だ。

●形容動詞の終止形活用語尾…「な」に言い換えて、体言に続けられる。

例 コンビニは便利だ。→便利なコンビニ。

●助動詞「た」の濁音化…直前が五段活用動詞の 音便 形。 例 水を飲んだ。

●助動詞「ようだ」「そうだ」の一部… 例 参加するようだ。 勝ちそうだ。

詳しく！
体言の代用「の」の例
・「もの」「ほう」 例 安いのがよい。
・「のもの」 例 これは私のだ。

詳しく！
接続助詞「て」や、助動詞「た」が濁音化する場合
終止形が「～ぐ・ぬ・む・ぶ」になる五段活用動詞の、音便形に付くとき。
例 脱《ぬ》ぐ→脱いで・脱いだ
死ぬ→死んで・死んだ
飲む→飲んで・飲んだ
飛ぶ→飛んで・飛んだ

「に」は、副詞の一部の場合もある。
例 ついに・すぐに

「ない」には、形容詞の一部の「ない」や、「ある・ない」を表す、本来の意味の形容詞「ない」もある。

ミス注意！
「たい」の見分けも！
食べたい
見たい } 希望の助動詞「たい」
← 「たい」の代わりに、「ます」を付けられる。
「食べます」
「見ます」
冷たい
重たい
めでたい
眠《ねむ》たい } 一語の形容詞。この「たい」は、形容詞を作る接尾語。

16 敬語1

(1) 敬語とは…話題の中の人物や、話の聞き手（読み手）への 敬意 を表す表現。

(2) 敬語の種類… 尊敬 語・謙譲《けんじょう》 語・丁寧《ていねい》 語の三つ。

敬語は、
・誰《だれ》の、誰に対する敬意か。
・誰の動作を敬語表現にするか。
をいつも考える！

(3) 尊敬語

◎尊敬語とは…話題の中の人物の｛・動作 や様子 ・関係した物事｝を 高 めて言う言い方。

◎尊敬語の表現のしかた

●「お(ご) ～ になる 」を使う表現

例 先生が お 話し になる 。 国賓《こくひん》がご到着《とうちゃく》になる。

お名前をお書きになってください。 先生が ご 説明 になる 。

「お(ご)～なさる」という言い方もあり。

●尊敬の助動詞「 れる ・ られる 」を使う表現

例 校長先生が椅子《いす》に座《すわ》られる。 お客様が来 られる 。

●特別な尊敬の動詞を使う表現

特別な尊敬の動詞

普通《ふつう》の言い方	特別な尊敬の動詞	用例
いる・行く・来る	いらっしゃる おいでになる	先生はまだ職員室にいらっしゃる。 どちらへいらっしゃるのですか。 遠方からおいでになる方もいます。
言う・話す	おっしゃる	先生の おっしゃる ことをよく聞く。
食べる・飲む	召し上がる	お客様が昼食を召《め》し上がる。
する	なさる	いつ準備をなさるのですか。
くれる	くださる	先生が記念の品を くださる 。
見る	ご覧になる	保護者の方が、生徒の劇をご覧になる。

●尊敬の接頭語「お」「ご」、接尾語《せつびご》「様」などを使った表現

接頭語 例 お 体・お 名前・ご 兄弟・ご 住所

接尾語 例 山田様《やまださま》・妹さん・先生方

詳しく！
・「お～になる」の「～」には
↓動詞の連用形
・「ご～になる」の「～」には
↓熟語（漢語）
がくることが多い。

ミス注意！
尊敬語は、自分や自分の身内のことを他人に話すときは、使わない。
例 ×僕《ぼく》のお父さんは、朝早くお起きになる。
○僕の父は、朝早く起きる。

ミス注意！
尊敬語の重複はよくない。
例 ×先生が絵をご覧になられる。
○先生が絵をご覧になる。

詳しく！
特定の名詞に付く、尊敬の接頭語や接尾語
接頭語 例 御社《おんしゃ》・貴国《きこく》・尊父《そんぷ》・令嬢《れいじょう》・芳名《ほうめい》
接尾語 例 母上・木村殿《きむらどの》・親御《おやご》さん

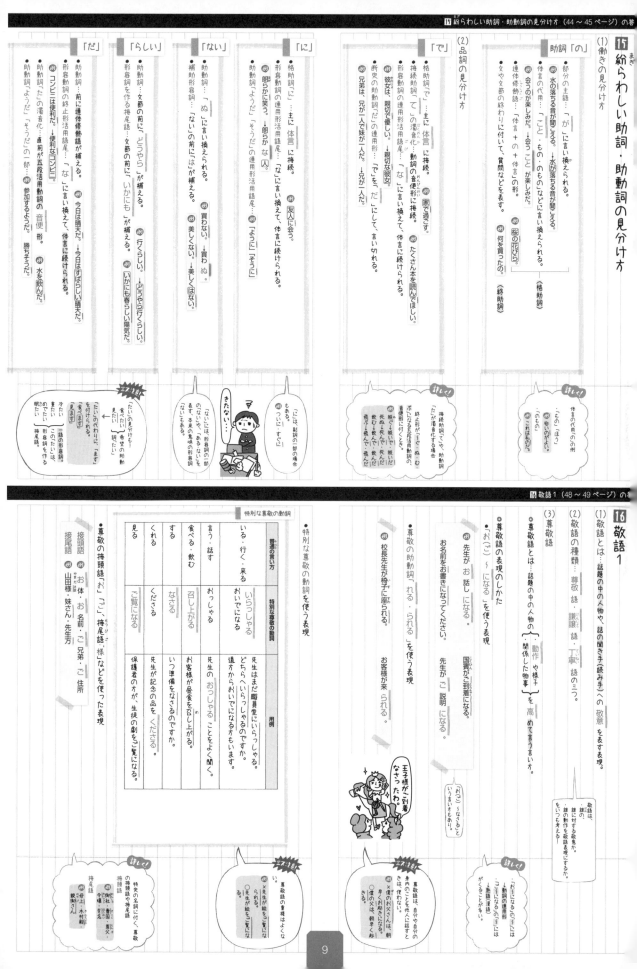

17 敬語2

(1) 謙譲語《けんじょうご》

◎謙譲語とは…自分や身内（自分の側の人）の動作をへりくだって言う言い方。

◎謙譲語の表現のしかた

●「お（ご）～する」を使う表現

例 お客様を玄関《げんかん》でお迎《むか》えする。　施設《しせつ》の見学者をご案内する。

●特別な謙譲の動詞を使う表現

特別な謙譲の動詞

普通《ふつう》の言い方	特別な謙譲の動詞	用例
行く・来る	参る・伺《うかが》う	私のほうから、そちらに参ります。
言う・話す	申す・申し上げる	上司に、自分の意見を申し上げる。
食べる・飲む	いただく	友人の家で、紅茶とケーキをいただく。
する	いたす	後片付けは、私がいたします。
聞く	伺う・承《うけたまわ》る	土地の古老からお話を伺う。
見る	拝見する	見事なバラを拝見する。
もらう	いただく・頂戴《ちょうだい》する	お隣《となり》から、いつもお土産《みやげ》をいただく。
知る・思う	存じる（存ずる）	私はよく存じません。

「拝聴《はいちょう》する」という言い方もある。

●特定の名詞に付く謙譲の接頭語・接尾語《せつびご》を使った表現

接頭語 例 愚息《ぐそく》・拙宅《せったく》・粗品《そしな》・弊社《へいしゃ》
接尾語 例 私ども・私め

(2) 丁寧語《ていねいご》

◎丁寧語とは…話の聞き手（読み手）に対する、丁寧な言い方。

◎丁寧語の表現のしかた

●丁寧の助動詞「です」「ます」を使う表現

●「～（で）ございます」を使う表現

例 私は中学校の生徒です。　図書館は、夜九時まで開いています。
こちらが国宝の松本城《まつもとじょう》でございます。

●美化語…名詞に接頭語「お」「ご」を付けて、丁寧に表現した語。

例 お菓子《かし》・お金・お寺・お箸《はし》・お水　ご飯・ごちそう

(3) 敬語は、「尊敬語＋丁寧語」「謙譲語＋丁寧語」で使うことが多い。

例 いつ準備をなさるのですか。（尊敬語）（丁寧語）　私のほうから、そちらに参ります。（謙譲語）（丁寧語）

ミス注意！
尊敬語　「お（ご）～になる」（他の人の動作）
例 校長先生が、式の開始をお待ちになる。
謙譲語　「お（ご）～する」（自分（側）の動作）
例 生徒が、校長先生の到着《とうちゃく》をお待ちする。

ミス注意！
共通する謙譲語
行く・来る・聞く→伺う
食べる・飲む・もらう→いただく

ミス注意！

謙譲語の重複はよくない。

例 ×先生の作品を拝見させていただく。
○先生の作品を拝見する。

詳しく！

「ございます」は「ある（＝存在する）」の丁寧語でもある。

例 当店には、大きいサイズの服もございます。


詳しく！

尊敬語の「お」「ご」

↓相手への敬意を表す。

美化語の「お」「ご」

↓特定の人への敬意ではない。

やわらかく丁寧に表現しているだけ。

1 竹取物語《たけとりものがたり》

(1)『竹取物語』とは

◎作者…不明。仮名《かな》書きの文章を書く力のある、教養の高い人物だと考えられている。

◎成立…平安《へいあん》時代前期。（九世紀末から十世紀の初め頃《ごろ》。）

◎内容…日本で最も古い伝奇《でんき》物語。竹の中から生まれたかぐや姫《ひめ》が成長し、多くの貴公子に求婚《きゅうこん》されながらも、満月の夜に月の世界に帰ってしまうまでを描《えが》いている。

◎主な話題

●「かぐや姫《ひめ》の生い立ち」…かぐや姫は、竹取《たけとり》の翁《おきな》に発見され、あっという間に成長する。

●「貴公子たちの求婚」…五人の貴公子がかぐや姫に求婚する。しかし、かぐや姫に難題を突《つ》き付けられ、みな失敗してしまう。帝《みかど》（天皇）も姫に思いを寄せる。

●「月の世界に帰る」…かぐや姫は帝からの求婚も断り、月の世界に帰る。悲しみに暮れる帝は、かぐや姫の残した手紙と「不死の薬」を富士山《ふじさん》の頂上で焼かせる。

ミス注意！

「伝奇《でんき》物語」とは、不思議なことや空想的なことを書いた物語のこと。「伝奇」を「伝記」と書かないように注意。

私が出した難題とは、話でしか聞いたことのないような珍《めずら》しい品を持ってこさせることよ。

読解ポイント

●歴史的仮名遣《づか》い

★語頭以外の「は・ひ・ふ・へ・ほ」は、「わ・い・う・え・お」と読む。
例 おはす→おわす　とひ（問ひ）→とい　いふ（言ふ）→いう
かへす（返す）→かえす　おほし（多し）→おおし

★「ゐ・ゑ・を」は「い・え・お」と読む。
例 ゐる→いる　こゑ（声）→こえ　をとこ（男）→おとこ

★「ぢ・づ」は「じ・ず」、「くわ・ぐわ」は「か・が」と読む。
例 なんぢ→なんじ　めづらし→めずらし　くわし（菓子）→かし

★「語中のau・iu・eu・ou」は、「ô・yû・yô・ô」と読む。
例 まうす（申す）→もうす　ちうや（昼夜）→ちゅうや　れうり（料理）→りょうり

詳しく！

歴史的仮名遣いとは、古文で使われている仮名遣いのこと。

(2) 現代語訳と語句・文法

◆かぐや姫の生い立ち

今は昔（のこと）、竹取《たけとり》の翁《おきな》といふ（よばれる）もの（が）ありけり（いた）。野山にまじりて（分け入って）竹を取りつつ（取っては）、よろづ（いろいろな）のことに使ひけり（使った）。名をば、さぬきのみやつことなむいひける（いった）。

（「よろづ」は現代仮名遣いに直す）

（係り結び（強調）：なむ―ける）


係り結びについては、▼P.73。


（ある日、）その竹の中に、もと光る竹（が）（根元）なむ一筋（一本）ありける（あった）。

（係り結び（強調）：なむ―ける）


あやしがりて（不思議に思って）、寄りて（近寄って）見るに（と）、筒《つつ》の中光りたり（が光っている）。それを

今は昔のこと、竹取の翁とよばれる者がいた。野山に分け入って竹を取っては、いろいろなことに使った。名前を、さぬきのみやつこといった。

（ある日、）その竹の中に、根元が光る竹が一本あった。不思議に思って、近寄って見ると、筒の中が光っている。それを見ると、三寸ほどであ

重要古語
□あやしがる
↓（不思議に思う）
□ばかり
↓（ほど）

＊あり…「存在する」という意味。古語では、人にも物にも「あり」を使う。
＊けり…助動詞。過去を表し、「～た」などと訳す。

見れば、三寸ばかりなる人、いとうつくしう《シュウ》てゐたり。〔い〕
(一寸は約三・〇三センチメートル)

る人が、とても〔かわいらしい〕様子で座《すわ》ってい
る。

◆くらもちの皇子《みこ》

これやわが求むる山ならむと思ひて、さすがに恐《おそ》ろしくおぼえて、山のめぐりを〔さしめぐらして〕、二、三日ばかり、見歩《みあり》くに、天人のよそほひ〔よそおい〕したる女、山の中よりいで来て、銀《しろかね》の金鋺《かなまる》を持ちて、水をくみ歩《あり》く。これを見て、船より下りて、「この山の名を何とか申す。」と問ふ。女、答へていはく〔いわく〕、「これは、蓬萊《ほうらい》の山なり。」と答《こた》ふ。
(係り結び(疑問):や～む、か～申す)

これが私の探し求める山だろうかと思って、やはり〔恐ろしく思われて〕、山の周囲をこぎ回らせて、二、三日ほど見て回っていると、天人の〔身なり〕をしている女が、山の中から出てきて、銀のおわんを持って、水をくんで歩いている。これを見て、(私は)船から下りて、「この山の名は何と言うのですか。」と尋《たず》ねる。女が答えて〔言うことに〕は、「これは、蓬萊の山です。」と答える。

これを聞くに、うれしきこと〔かぎりなし〕。その山、見るに、さらに登るべきやう《ヨウ》なし。その山のそばひらをめぐれば、世の中になき花の木ども立てり。金《こがね》・銀《しろかね》・瑠璃色《るりいろ》の水、山より流れいでたり*。それには、色々の玉の橋渡《わた》せり。そのあたりに、照り輝《かがや》く木ども立てり。その中に、この取りてまうで《モウ》来たりしは、いとわろかりしかども、のたまひしに違《たが》は〔たがわ〕ましかばと、この花を折りて〔もうで〕まうで来たるなり。

これを聞くと、(私は)うれしいことこの上ない。その山は、見ると、〔全く〕登ることができる方法がない。その山の周囲を回ると、この世の中にないような花の木々が立っている。金・銀・瑠璃色の水が、山から〔流れ出ている〕。それには、色々の玉の橋がかかっている。そのあたりに、光り輝《かがや》く木々が立っている。その中で、この取ってまいったものは、とても〔よくなかったけれども〕、(姫が)〔おっしゃっ〕たものと違《ちが》っていたなら(いけないだろう)と、この花を折ってまいったのである。

重要古語
□いと → (とても)
□うつくし → (かわいらしい)

重要古語
□さすがに → (やはり)
□おぼゆ → (思われる)
□いはく → (言うことには)

重要古語
□さらに……なし → (全く……ない)
□わろし → (よくない)
□のたまふ → (おっしゃる)

*たり…助動詞。
①動作・変化が続いていることを表す。「～ている・～てある」などと訳す。
②動作・変化の結果を表す。「～た」などと訳す。

2 枕草子《まくらのそうし》

(1)『枕草子』とは

◎筆者…〔清少納言《せいしょうなごん》〕。父は、歌人で『後撰和歌集《ごせんわかしゅう》』の撰者《せんじゃ》の一人〔清原元輔《きよはらのもとすけ》〕。幼い頃《ころ》から和歌や漢詩など、深い教養を身につけた。二十代後半から約八年間、一条天皇《いちじょうてんのう》の中宮《ちゅうぐう》〔定子《ていし》〕に仕えた。『枕草子』を書いたのは、定子《ていし》のすばらしさをたたえるためだと考えられている。

◎成立…〔平安《へいあん》〕時代中期。(十世紀末から十一世紀の初め頃。)

◎内容…長短合わせて約三百の段から成る〔随筆《ずいひつ》〕集。女性らしい鋭《するど》い感覚と、知的で冷静なものの見方で、体験したことや見聞きしたことを描《えが》いている。また、自然の様子を細やかに観察し、独自の感性を生かして、鮮明《せんめい》に描いている。

◎主な内容
●日記的な内容…宮中や貴族の屋敷《やしき》などでの出来事や見聞を書いたもの。
例「香炉峰《こうろほう》の雪」
●「ものづくし」…同じ種類のものを集めて並べ挙げたもの。
例「うつくしきもの」
●随想的《ずいそうてき》な内容…行事や自然・人間などについて、独自の感覚で述べたもの。
例「春はあけぼの」

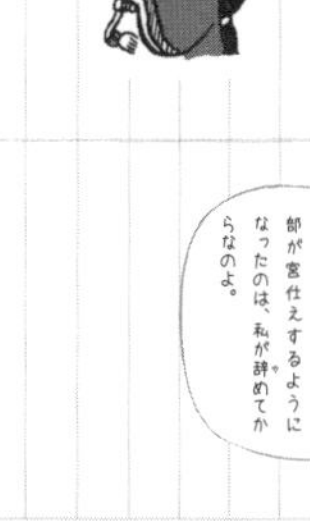

詳しく!
当時は、仮名《かな》文化の普及《ふきゅう》の影響《えいきょう》もあり、宮廷《きゅうてい》を中心とした女流文学が盛んだった。
同時代の有名な女流作家には、『源氏物語《げんじものがたり》』を書いた紫式部《むらさきしきぶ》がいる。

読解ポイント

①言葉…「をかし」と「あはれなり」の違《ちが》いを理解する。
★「興味深い」「風情《ふぜい》がある」=「〔をかし〕」
★「深く身にしみる」「しみじみとした趣《おもむき》がある」=「〔あはれなり〕」

②表現
★助詞の省略が多い。→省略された助詞に注意して読み取る。
例 雨など〔が〕降るもをかし。
例 山の端《は》〔に〕いと近《ちか》うなりたるに……
例 虫の音《ね》など〔は〕、はた言ふべきにあらず。
★体言止めが多い。→省略された助詞や〔述語〕を補って読み取る。
例 春はあけぼの〔がをかし〕。

詳しく!
「をかし」は、理性的に「よい」と判断したときに使う。
「あはれなり」は、感情的にしみじみと「よい」と感じたときに使う。

体言止めの場合は、助詞も述語も省略されていることがあるので、注意。

(2)現代語訳と語句・文法

◆春はあけぼの

春はあけぼの〔がすばらしい〕。やうやう〔ようよう〕白くなりゆく山ぎは、すこしあかりて、紫《むらさき》だちたる雲のほそくたなびきたる〔のがよい〕。

春は明け方が〔すばらしい〕。だんだんと白くなっていく、空の、山に接する部分が、少し〔明るく〕なって、紫《むらさき》がかっている雲が細くたなびいているのがよい。

重要古語
□やうやう → (だんだんと)
□山ぎは → (空の、山に接する部分)

夏は 夜［がすばらしい］。月のころはさらなり、やみもなほ［なお］、蛍《ほたる》の多く飛びちがひたる［のがよい］。また、ただ一つ二つなど、ほのかにうち光りて行くもをかし。雨など降るもをかし。

秋は夕暮れ［がすばらしい］。夕日のさして山の端《は》いと近《ちか》うなりたるに、烏《からす》の寝《ね》どころへ行くとて、三《み》つ四《よ》つ、二つ三つなど、飛びいそぐさへ［さえ］あはれなり。まいて雁《かり》などのつらねたるが、いと小さく見ゆるはいとをかし。

夏は夜がすばらしい。月の（出ている）頃《ころ》は 言うまでもなく 、闇夜《やみよ》もやはり、蛍が多く飛びかっているのがよい。また、（蛍が）ただ一匹《ぴき》二匹など、ほのかに 光りながら行くのも 風情《ふぜい》がある。雨などが降るのも風情がある。

秋は夕暮れがすばらしい。夕日が差して、山の、空に接している部分にとても近くなった頃に、烏がねぐらへ 帰ろうとして 、三羽四羽、二羽三羽など、急いで飛ぶ様子までもしみじみとした趣《おもむき》がある。まして雁などが列をなしているのが、とても小さく見えるのはとても風情がある。

重要古語

□さらなり
↓（言うまでもない）
□なほ
↓（やはり）
□をかし
↓（風情がある）
□山の端
↓（山の、空に接している部分）
□あはれなり
↓（しみじみとした趣がある）

冬は つとめて［がすばらしい］。雪の降りたるはいふ［いう］べきにもあらず、霜《しも》のいと白きも、またさらでもいと寒きに、火など急ぎおこして、炭もて渡《わた》るも いとつきづきし 。昼になりて、ぬるくゆるびもていけば、火桶《ひをけ》の火も白き灰がちになりてわろし。

日入《い》りはてて、風の音《おと》、虫の音《ね》など、はたいふ《ウ》べきにあらず。

〈第一段〉

日がすっかり沈《しず》んで、風の音や虫の音などが聞こえるのは、 また言いようもない 。

冬は早朝がすばらしい。雪が降っているのは言いようもなく、霜がとても白いのも、またそうでなくてもとても寒い朝に、火などを 急いでおこして 、炭を持って運ぶのも（冬の朝に）とても似つかわしい。昼になって、暖かくなり（寒さが）ゆるんでいくと、火桶の火も 白い灰ばかりになってよくない 。

重要古語

□つとめて
↓（早朝）
□さらでも
↓（そうでなくても）
□つきづきし
↓（似つかわしい）
□わろし
↓（よくない）

3 平家物語《へいけものがたり》

(1)『平家物語』とは

◎作者… 不明 。信濃前司行長《しなののぜんじゆきなが》という説もある。

◎成立…… 鎌倉《かまくら》 時代前期から中期。（十三世紀前半。）

◎内容… 軍記 物語。栄華《えいが》を極《きわ》めた 平家《へいけ》 が、源氏《げんじ》との戦いに敗れて都を追われ、壇《だん》の浦《うら》の戦いで滅亡《めつぼう》するまでを描《えが》く。基調となるのは仏教の 無常観 。

◎主な内容

●「祇園精舎《ぎおんしょうじゃ》」…『平家物語』の冒頭《ぼうとう》の文章。どんなに栄華を極めても、それは永遠に続くことはなく、必ず滅《ほろ》びるものだという無常観が表されている。

●「敦盛《あつもり》の最期《さいご》」…平家の若武者 平敦盛《たいらのあつもり》 の首をとろうとした源氏の武将、熊谷次郎直実《くまがえのじろうなおざね》の気持ちの変化と葛藤《かっとう》が描かれている。

●「扇《おうぎ》の的《まと》（那須与一《なすのよいち》）」…海上の場面の美しさと、源平が敵対する緊張感《きんちょうかん》と共に、台頭する 源氏 と、滅びゆく平家との違《ちが》いが描かれている。

読解ポイント

① 文体…なめらかな和文体と力強い漢文訓読体を交えた 和漢混交《わかんこんこう》 文で書かれており、簡潔で力強く、調子のよい響《ひび》きの文章である。また、 七五《しちご》 調を基本としたリズムがある。

② 表現技法

★ 対句法《ついくほう》 が多い。→調子の似通っている部分を探そう。

例 沖には平家、舟《ふね》を一面に並べて見物す。↕ 陸《くが》には 源氏 、くつばみを並べてこれを見る。

★ 擬声語《ぎせいご》や 擬態語 が多い。→音や様子を表す表現を探そう。

例 ひやうど…擬声語　さつと…擬態語

(2) 現代語訳と語句・文法

◆ 祇園精舎

祇園精舎《ぎをんしやうじや》の鐘《かね》の声、諸行無常《しよぎやうむじやう》の響《ひび》きあり。沙羅双樹《しやらさうじゆ》の花の色、盛者必衰《じやうしやひつすい》の理《ことわり》をあらはす。おごれる人も久しからず、ただ 春の夜の夢のごとし 。たけき者もつひ［つい］には滅《ほろ》びぬ、ひとへに風の前の塵《ちり》に同じ。

祇園精舎の鐘の音には、諸行無常の響きがある。沙羅双樹の花の色は、盛者必衰の道理を 示している 。（権力をもって）得意になっている人も 長くは続かず 、（その繁栄《はんえい》は）まるで春の夜の夢のよう（にはかないもの）だ。勢いが盛《さか》んな者も最後には滅んでしまう、（それもまた）全く風の前の塵と同じ（ように、吹《ふ》けば飛ぶようなもの）だ。

重要古語

□ただ……ごとし
↓（まるで……ようだ）

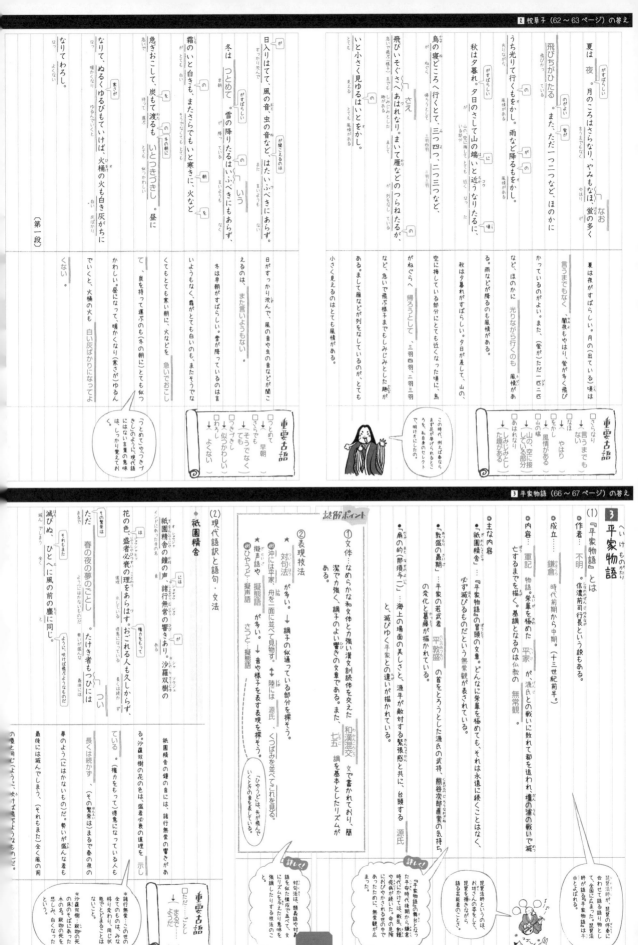

敦盛《あつもり》の最期《さいご》

〔熊谷次郎直実《くまがいのじろうなおざね》が若武者を取り押《お》さえ、首を取ろうとして顔を見ると、我《わ》が子の小次郎《こじろう》と同じ十六、七くらいの、立派な若武者であった。直実は、この人を討《う》ったところで戦《いくさ》の勝ち負けには影響《えいきょう》しないと考えた。〕

「小次郎が薄手《うすで》〔を〕負うたる〔こと〕をだに、直実は心苦しう《シュウ》思ふ《ウ》に、この殿《との》の父〔は〕、討たれぬと聞いて、いかばかり【か】嘆《なげ》き*たまはんず【らん】。（係り結び（疑問））あはれ《ワ》助け*たてまつらばや。」と思ひて、後ろをきつ《キッ》と見ければ、土肥《とひ》、梶原《かぢはら》五十騎《き》ばかりでつづいたり。熊谷〔が〕涙《なみだ》をおさへ《エ》て申しける〔ことに〕は、「助けまゐらせ《イ》んとは存《ぞん》じ*候《さうら》へ《エ》ども、味方の軍兵《ぐんびやう》〔が〕、雲霞《うんか》のごとく*候《さうら》ふ《ウ》。よものがれさせたまはじ《ワ》。人手にかけまゐらせ《イ》ん〔というの〕より、同じくは、直実が手にかけまゐらせ《イ》て、〔あなたの〕後《のち》の御孝養《おんけうやう》を【こそ】つかまつり候は【め】。（係り結び（強調））」と申しければ、「ただとくとく首をとれ。」と【ぞ】のたまひ《イ》【ける】。（係り結び（強調））熊谷〔は〕あまりにいとほしくて、いづく《ズ》に刀を立つべしともおぼえず、目もくれ心も消えはてて、前後不覚におぼえけれども、さてしもあるべきことならねば、泣く泣く〔若武者の〕首を【ぞ】かいて【んげる】。（係り結び（強調））

係り結びについては、▼p.73で。

「小次郎が軽い傷を負ったことをさえ、直実は**つらく思うのに**、この殿の父は、討たれたと聞いて、どれほどお嘆きになることだろうか。ああ、お助け申し上げたい。」と**思いて**、後ろをさっと見たところ、土肥、梶原など五十騎ほどが続いている。熊谷が涙をおさえて**申したことには**、「お助け申し上げようとは思いますけれども、味方の軍勢が、雲やかすみのようにおります。**決してお逃《に》げになれないでしょう**。他人の手におかけ申し上げようというのより、同じことなら、直実の手におかけ申し上げて、（あなたの）死後の御供養《ごくよう》をして差し上げましょう。」と申したところ、「ただ早く早く首をとれ。」とおっしゃった。熊谷はあまりにかわいそうで、どこに刀を突《つ》き立てたらよいかともわからず、**目もくらみ**心もなくなってしまって、前後不覚に思われたが、そうしてばかりもいられることではないので、泣く泣く（若武者の）首を切ってしまった。

重要古語

- □だに → （さえ）
- □きつと → （さっと）
- □ばかり → （ほど）
- □よも → （決して）
- □のたまふ → （おっしゃる）
- □いとほし → （かわいそうだ）

*たまふ…ここでは補助動詞。尊敬語で、「お～になる・～なさる」と訳す。
*たてまつる・まゐらす…ここでは補助動詞。謙譲語《けんじょうご》で、「お～（し）申し上げる」と訳す。
*候ふ
①本動詞の場合は、「おります・あります」と訳す。
②補助動詞の場合は、丁寧語《ていねいご》で、「～です・ます・ございます」と訳す。

自分の息子《むすこ》と同じくらいの年齢《ねんれい》の若武者を殺さねばならないなんて、戦乱の世はむなしいものだ……。

4 徒然草《つれづれぐさ》

(1) 『徒然草』とは

- 筆者…**兼好法師《けんこうほうし》**。宮廷《きゅうてい》に出仕して出世したが、三十歳《さい》前後で出家して隠者《いんじゃ》となった。
- 成立…**鎌倉《かまくら》**時代末期。（十四世紀前半。）筆者の出家後に執筆《しっぴつ》された。
- 内容…序段と二百四十三段の文章から成る**随筆《ずいひつ》**集。深い教養と鋭《するど》い観察眼とに裏付けされた批判精神が貫《つらぬ》かれている。時代を超越《ちょうえつ》した見方でつづった理性的な文章。仏教の**無常観**が色濃《いろこ》く反映されている。

（全てのものは移り変わり、人生ははかないものだという考え方。）

- 主な話題
  - 人生論・教訓・処世・**批評** など
    - 例「ある人、弓射ることを習ふ《ウ》に」「高名《こうみょう》の木登り」
  - **説話** 的なもの
    - 例「仁和寺《にんなじ》にある法師」
  - 自然観賞的なもの
    - 例「花は盛《さか》りに」

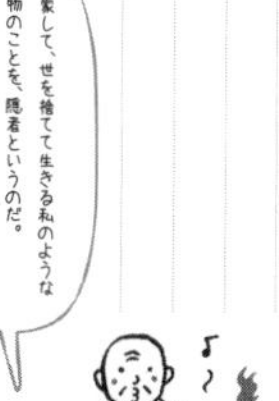

詳しく！
兼好法師《けんこうほうし》の本名は卜部《うらべ》兼好。吉田《よしだ》兼好《けんこう》ともよばれる。出家後は歌人・知識人として、貴族・武家の社交界に関わりをもち続けた。

平安《へいあん》時代の優美な貴族の文化をなつかしむ気持ちが強い。『枕草子《まくらのそうし》』『源氏物語《げんじものがたり》』などの影響《えいきょう》が表れている。

詳しく！
兼好法師が生きた時代は、鎌倉《かまくら》時代の終わり頃《ごろ》で、戦乱の絶えない不安定な時代だった。鎌倉幕府の衰退《すいたい》や朝廷の分裂《ぶんれつ》という混乱が続き、人々は不安を抱《かか》えていた。

読解ポイント

①表現
★各段ごとの筆者の考え方を理解する。↓ **意見**・**感想** と、事実とを読み分ける。
※意見・感想に注目する
例 少しのことにも、先達《せんだち》はあらまほしきことなり。
（訳 ちょっとしたことにも、その道の案内者はあってほしいものだ。）
★文章の核心《かくしん》をつかむ。↓ **会話文** に注目しよう。
例 かたへ《エ》の人にあひ《イ》て、「年ごろ思ひ《イ》つること……」とぞ言ひ《イ》ける。（会話文の引用を表す「と」）

②表現技法
★ **係り結び** が多い。↓ 筆者の言いたいことを読み取るヒントにする。
係り結び…文中に係りの助詞の「ぞ・なむ・や・か・**こそ**」があると、文末が終止形ではなく連体形か已然形《いぜんけい》になる表現のこと。
例 尊く【こそ】おはし《ワ》けれ。……意味：**強調**（「けり」の已然形）
（訳 尊くいらっしゃった。）
何事【か】ありけん。……意味：**疑問**（「けむ」の連体形）
（訳 何事があったのだろうか。）

会話文は、必ず「　」でくくられているとは限らない。
会話文のあとには、「と」「とて」「など」があるので、それらを手がかりにする。

詳しく！

係りの助詞	意味	結び
ぞ なむ	強調	連体形
こそ	強調	已然形
や か	疑問・反語	連体形

・強調…訳さなくてよい。
・疑問…「～だろうか。」と訳す。
・反語…「～だろうか、いや、～ない。」と訳す。

平安時代中期に清少納言《せいしょうなごん》が書いた『枕草子』、鎌倉時代初期に鴨長明《かものちょうめい》が書いた『方丈記《ほうじょうき》』と並んで、『徒然草』は古典の三大随筆《ずいひつ》とよばれているんだ。

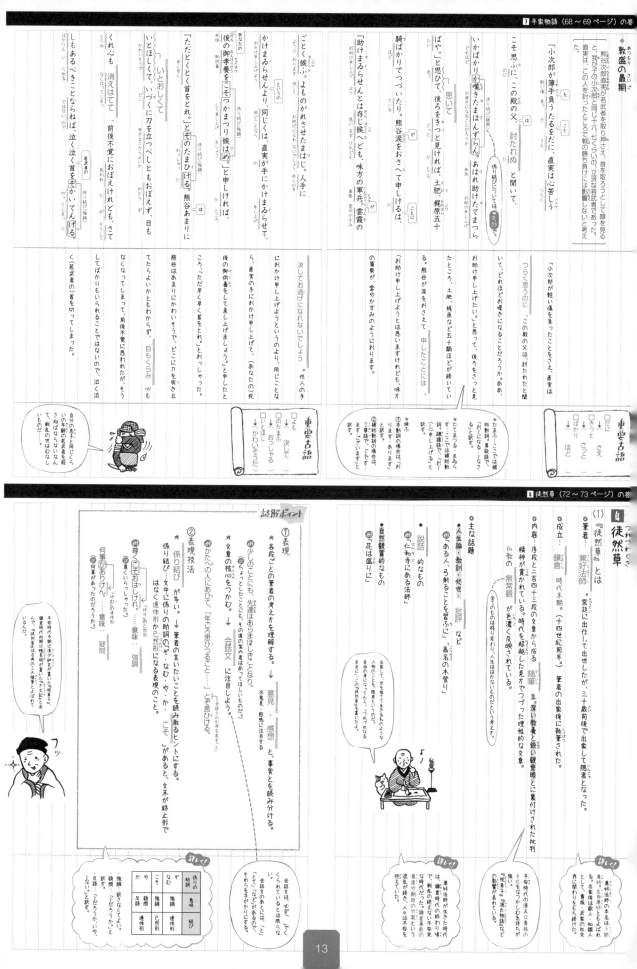

(2) 現代語訳と語句・文法

◆序段

つれづれなるままに、日暮らし、硯《すずり》に向かひて、（向かい）心にうつりゆくよしなし事を、そこはかとなく書きつくれば、あやしう《シュウ》こそものぐるほし《オ》けれ。（係り結び（強調））

〈序段〉

することがなく、退屈《たいくつ》であるのに任せて、一日中、硯に向かって、心に浮《う》かんでは消えていくとりとめもないことを、何の当てもなく書きつけていると、不思議なほど心が乱れて落ち着かないことだ。

重要古語
□つれづれなり→（することがなく、退屈だ）
□よしなし事→（とりとめもないこと）
□そこはかとなし→（何の当てもない）
□あやし→（不思議だ）
□ものぐるほし→（心が乱れて落ち着かない）

◆仁和寺《にんなじ》にある法師

仁和寺にある法師、（が）年寄るまで石清水《いはしみづ》《ワ》《ズ》を拝まざりければ、心うく覚えて、あるとき思ひたちて、（思いたち）ただ一人、（で）徒歩《かち》より詣《まう》《モウ》でけり。極楽寺《ごくらくじ》・高良《かうら》《コウ》などを拝みて、かばかりと心得て帰りにけり。さて、かたへの人にあひて、（あいて）「年ごろ思ひつる《イ》こと、（を）果たしはべりぬ。聞きしにも過ぎて、（の）（お宮は）尊くこそ（係り結び（強調））おはし《ワ》けれ。そも、まゐりたる人ごとに（まいり）山へ登りしは、（の）何事かありけん（係り結び（疑問）），ゆかしかりしかど、神へまゐるこそ（こと）本意《ほい》なれと思ひ《イ》て、山までは見ず。」とぞ言ひ《イ》ける。（係り結び（強調））少しのことにも、先達《せんだち》はあらまほしきことなり。

〈第五十二段〉

仁和寺にいる僧《そう》が、年をとるまで石清水を参拝しなかったので、残念に思って、あるとき思い立って、ただ一人で、徒歩でお参りした。極楽寺・高良などを参拝して、これだけと思い込《こ》んで帰ってしまった。さて、仲間に向かって、「長年思っていたことを、果たしました。聞いたのにもまさって、（お宮は）尊くいらっしゃった。それにしても、参拝している どの人も山へ登ったのは、何事があったのだろうか、知りたかったけれど、神に参拝することが本来の目的であると思って、山までは見なかった。」と言った。ちょっとしたことにも、その道の案内者はあってほしいものである。

重要古語
□心うし→（残念だ）
□年ごろ→（長年）
□おはす→（いらっしゃる）
□ゆかし→（知りたい）

*石清水…石清水八幡《はちまん》宮《ぐう》。山の上にあり、ふもとに極楽寺や高良神社があった。

*はべり…ここでは補助動詞。丁寧語《ていねいご》で、「です・ます・ございます」と訳す。
*ゆかし…好奇心《こうきしん》がわき、強く心がひきつけられる様子を表す言葉。状況に応じて、「見たい」「聞きたい」「知りたい」などと訳す。

5 万葉集《まんようしゅう》・古今和歌集《こきんわかしゅう》・新古今和歌集《しんこきんわかしゅう》

(1)『万葉集』とは
◎編者…不明。巻ごとに複数の編者が参加したようだが、大伴家持《おおとものやかもち》が深く関わったと考えられる。
◎成立…奈良《なら》時代の末頃《ごろ》（八世紀後半）までに完成したと考えられる。現存する日本最古の歌集。
◎内容…二十巻から成り、約四千五百首が収められている。歌体（和歌の形式）は、長歌《ちょうか》・短歌・旋頭歌《せどうか》・仏足石歌《ぶっそくせきか》の四種類。天皇や貴族の歌の他、防人歌《さきもりのうた》や東歌《あずまうた》など庶民《しょみん》の歌も収められている。表記は、万葉仮名《がな》。歌風は、おおらかで力強い。五七《ごしち》調が多い。
◎代表歌人…天智《てんじ》天皇・額田王《ぬかたのおおきみ》・有間皇子《ありまのみこ》（第一期）、柿本人麻呂《かきのもとのひとまろ》・天武《てんむ》天皇・持統《じとう》天皇・大津皇子《おおつのみこ》（第二期）、山上憶良《やまのうえのおくら》・山部赤人《やまべのあかひと》・大伴旅人《おおとものたびと》（第三期）、大伴家持（第四期）など。

日本語を、漢字の音訓を借りて表す表記法。

詳しく!
長歌 五・七・五・七……と続き、最後は五・七・七で終わる。
短歌 五・七・五・七・七の五句三十一音。
旋頭歌 五・七・七・五・七・七の六句三十八音。
仏足石歌 五・七・五・七・七・七の六句三十八音。

防人歌 防人（諸国から徴兵《ちょうへい》され、北九州《きたきゅうしゅう》の防備に当たった兵士）や、その家族などが詠《よ》んだ歌。
東歌 東国《とうごく》（奈良《なら》や京都《きょうと》から見て、東の方にある国）の人の歌。あるいは東国風の素朴《そぼく》な歌。

(2)『古今和歌集』とは
◎撰者《せんじゃ》…紀友則《きのとものり》・紀貫之《きのつらゆき》・凡河内躬恒《おおしこうちのみつね》・壬生忠岑《みぶのただみね》。醍醐《だいご》天皇の勅命《ちょくめい》による最初の勅撰《ちょくせん》和歌集。
◎成立…平安《へいあん》時代前期。（十世紀初め。）
◎内容…二十巻から成り、約千百首が収められている。歌体は、ほとんどが短歌。歌風は、知的で優美、繊細《せんさい》。七五《しちご》調が多い。
◎代表歌人…撰者をはじめ、六歌仙《ろっかせん》とよばれた僧正遍昭《そうじょうへんじょう》・在原業平《ありわらのなりひら》・文屋康秀《ふんやのやすひで》・喜撰法師《きせんほうし》・小野小町《おののこまち》・大伴黒主《おおとものくろぬし》など。

(3)『新古今和歌集』とは
◎撰者…藤原定家《ふじわらのさだいえ》・藤原有家《ふじわらのありいえ》・藤原家隆《ふじわらのいえたか》・藤原雅経《ふじわらのまさつね》・源通具《みなもとのみちとも》・寂蓮法師《じゃくれんほうし》。後鳥羽院《ごとばいん》の勅命による八番目の勅撰和歌集。
◎成立…鎌倉《かまくら》時代前期。（十三世紀初め。）
◎内容…二十巻から成り、約二千首が収められている。歌体は、全て短歌。歌風は、感覚的、象徴的《しょうちょうてき》、幽玄《ゆうげん》。七五調が多い。
◎代表歌人…撰者をはじめ、西行《さいぎょう》法師《ほうし》・慈円《じえん》・藤原良経《ふじわらのよしつね》・藤原俊成《ふじわらのとしなり》・式子内親王《しょくしないしんのう》・後鳥羽院・藤原俊成女《ふじわらのとしなりのむすめ》など。

余情があり、味わい深くてはかりしれない感じ。

句切れとは、一首の中で意味が切れる部分のこと。句切れなしの短歌もある。

詳しく!
五七調（万葉） 二句切れか四句切れ 五・七／五・七・七 五・七・五・七／七
七五調（古今・新古今） 初句切れか三句切れ 五／七・五・七・七 五・七・五／七・七

(4) 現代語訳と語句・文法

◆万葉集

春過ぎて／夏来《きた》るらし／白たへの《エ》（枕詞）／衣《ころも》干したり／天《あめ》の香具山《かぐやま》（体言（名詞）止め）　持統《ぢとう》天皇

※「／」は五・七・五・七・七の音数で区切ったもの。「＝」は意味の切れ目である句切れを表す。

春が過ぎて夏が来たらしい。夏のよそおいである、真っ白な衣《ころも》が干してある。あの天の香具山に。

詳しく!
枕詞《まくらことば》 ある特定の語を導き出す、通常は五音の決まった言葉。普通《ふつう》訳さない。
・あしひきの→山・峰《みね》など
・からころも→着る・裾《すそ》・袖《そで》など
・白たへの→衣・袖・雲など
・くさまくら→旅・結ぶなど
・たらちねの→母・親など
・ちはやぶる→神・氏《うじ》など
・ぬばたまの→黒・夜・闇《やみ》・髪《かみ》など

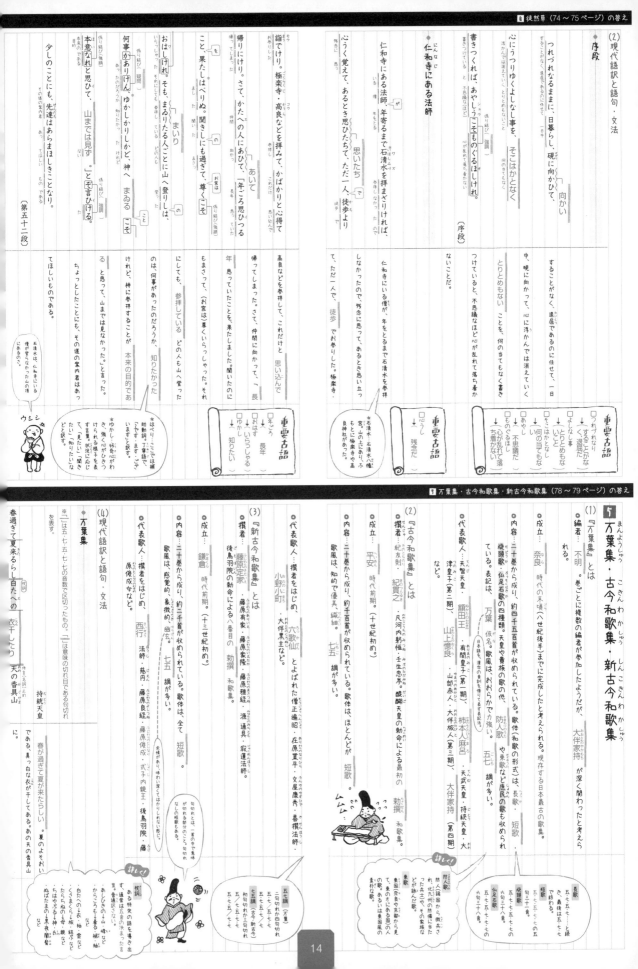

多摩川《たまがは》にさらす手作りさらさらに何そこの児《こ》のここだ愛《かな》しき　東歌《あづまうた》

序詞　係り結び(強調)　＝「ぞ」　いとしいのか

多摩川にさらす手織りの布がさらさらというように、さらにさらに、どうしてこの娘《むすめ》がこんなにも いとしい のか。

君待つと我《あ》が恋《こ》ひ居《を》れば我《わ》が屋戸《やど》のすだれ動かし秋の風吹《ふ》く　額田王《ぬかたのおほきみ》

天智《てんじ》天皇のこと　家の戸

あなたがいらっしゃるのを待って、 私が恋《こい》しく思っておりますと 、私の家の戸のすだれを動かして、秋の風が吹いております。

憶良らは今は罷《まか》らむ子泣くらむそれその母も我《わ》を待つらむそ　山上憶良《やまのうへのおくら》

退出いたしましょう　だろう　だろう　宴会《えんかい》を退席するときにたわむれに詠《よ》んだ歌　憶良の妻

私憶良めは、今はもう退出いたしましょう。家では子供が 泣いているでしょう 。それ、その母親も、私を待っているでしょうから。

> *ら…自分をへりくだって言うときに付ける接尾語《せつびご》。
> *それ…「それ・ほら」などの意味の感動詞。

> **詳しく!**
> **序詞《じょことば》**
> ある言葉や句を導き出すための六音以上の言葉。あとに来る言葉や句は決まっていない。枕詞《まくらことば》と違《ちが》い、序詞は作者が自由に創作する。これは訳す。

◆古今和歌集《こきんわかしゅう》

人はいさ心も知らずふるさとは花ぞ昔の香ににほひける　紀貫之《きのつらゆき》

さあどうであろうか　梅の花　係り結び(強調)

人の心はさあどうであろうか、あなたの心は、どう変わってしまったか知らない。しかし、昔なじみのあのなつかしい土地では、 梅の花 が昔のままによい香りを放っていることよ。

秋来《き》ぬと目にはさやかに見えねども風の音にぞおどろかれぬる　藤原敏行《ふぢはらのとしゆき》

はっきりと　ないけれど　はっと気づく　係り結び(強調)

秋が来た と目にははっきりと見えないけれど、風の音を聞いて、はっとするほどに秋の訪《おとず》れが感じられることよ。

> **重要古語**
> □愛し
> →（いとしい）
> □さやかなり
> →（はっきりとしている）
> □おどろく
> →（はっと気づく）

◆新古今和歌集《しんこきんわかしゅう》

花の色は移りにけりないたづらにわが身世にふるながめせしまに　小野小町《をののこまち》

桜の花　むなしく　掛詞　掛詞　「降る」と「経る」　「長雨」と「眺め」

美しい 桜の花 の色は、色あせてしまったなあ。私がむなしく物思いにふけっている間に、降り続く春の 長雨 に打たれて。そのように、私の美しい容姿も衰《おとろ》えてしまったことよ。むなしく時を過ごし、物思いにふけっていた間に。

> **詳しく!**
> **掛詞《かけことば》**
> 一つの言葉に、同音の複数の言葉の意味をもたせる技法。
> あき→秋・飽《あ》き
> すむ→住む・澄《す》む
> まつ→松・待つ

玉の緒《を》よ絶えなば絶えねながらへば忍《しの》ぶることの弱りもぞする　式子内親王《しょくしないしんのう》

命　もし絶えるなら絶えてしまえ　縁語　「絶ゆ」「ながらふ」「弱る」が「緒」の縁語　係り結び(強調)

私の命 よ。もし絶えるなら絶えてしまえ。もしこのまま生きながらえていると、人に知られまいと自分の心の中だけに恋心《こいごころ》を秘《ひ》めているカが、弱るといけないから。

> **詳しく!**
> **縁語《えんご》**
> 一首の中に、関係の深い言葉を意識的に詠《よ》み込む技法。
> 振《ふ》る・鳴る→鈴《すず》の縁語
> 細し・よる→糸の縁語

道の辺《へ》に清水流るる柳かげしばしとてこそ立ちどまりつれ　西行法師《さいぎやうほふし》

係り結び(強調)

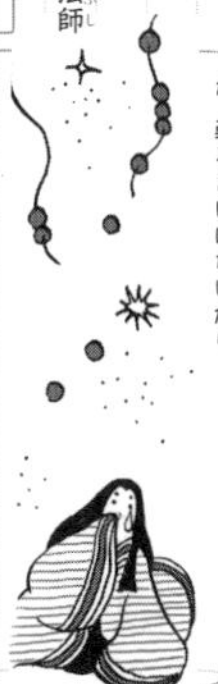

道のほとりに清水が流れている、柳の木陰《こかげ》。 ほんのしばらくの間 と思って立ち止まったのだが、涼《すず》しいので長い時間を過ごしてしまったことよ。

駒《こま》とめて袖《そで》うちはらふ陰《かげ》もなし佐野《さの》のわたりの雪の夕暮《ゆふぐ》れ　藤原定家《ふぢはらのさだいへ》

馬　渡し場　体言(名詞)止め

馬をとめて 袖の雪を払《はら》う 物陰もない。この佐野の渡《わた》し場の雪の降る夕暮れ時よ。

> **重要古語**
> □いたづらなり
> →（むなしい）
> □玉の緒
> →（命）

6 おくのほそ道《みち》

(1)『おくのほそ道』とは

◎筆者… 松尾芭蕉《まつおばしょう》 。江戸《えど》時代を代表する俳人。

◎成立… 江戸 時代前期。（十七世紀末期。）元禄《げんろく》三（一六九〇）年頃《ごろ》から元禄七（一六九四）年までに書かれた。（元禄七年は、芭蕉《ばしょう》が死んだ年。）

> **詳しく!**
> 松尾《まつお》芭蕉は、伊賀国《いがのくに》（今の三重県《みえけん》）生まれ。若い頃に仕えた主君の影響《えいきょう》で俳諧を学ぶ。主君の死後、俳諧で身を立てようと、三十代半ばで江戸に出た。それまで滑稽《こっけい》味の強かった俳諧を芸術の域にまで高め、蕉風《しょうふう》を確立した。

◎内容…元禄二（一六八九）年三月に江戸深川《ふかがわ》を出発し、松島《まつしま》、平泉《ひらいずみ》、象潟《きさかた》など、奥州路《おうしゅうじ》（今の東北《とうほく》地方）を旅し、北陸《ほくりく》を経て美濃《みの》（今の岐阜県《ぎふけん》）の大垣《おおがき》に至る二千四百キロメートル、約百五十日の見聞を、 俳句（俳諧） と共につづった俳諧《はいかい》 紀行 文。

> 同時代の文学者に、
> ・井原西鶴《いはらさいかく》（『浮世草子《うきよぞうし》』の作者）
> ・近松門左衛門《ちかまつもんざえもん》（歌舞伎《かぶき》・浄瑠璃《じょうるり》の脚本家《きゃくほんか》）
> がいる。

◎主な内容

●「月日は」…『おくのほそ道』の冒頭《ぼうとう》の文章。芭蕉の旅や 人生 に対する考え方や、この旅に出ることになった経緯《けいい》や様子が書かれている。

●「平泉」… 藤原《ふじわら》 氏三代の栄華《えいが》の跡《あと》を残す平泉（今の岩手県《いわてけん》南部）で感じた、景観の美しさと古人への思いが書かれている。

●「立石寺《りっしゃくじ》」…立石寺（今の山形県《やまがたけん》にある山寺）に立ち寄り、景観の美しさと静かな雰囲気《ふんいき》に感動した思いが書かれている。

読解ポイント

①文体…簡潔な和漢混交文 ▶P.165。

★古典を踏《ふ》まえた表現が多い。→ 漢詩 や日本の和歌の引用に注目する。

例「国破れて山河あり、城春にして草青みたり。」（中国《ちゅうごく》の唐代《とうだい》の詩人杜甫《とほ》の『春望《しゅんぼう》』という詩より）

★一場面に一句以上の 俳句 が織り交ぜられている。

→ 季語 や 切れ字 に注意して、俳句の意味をつかむ。

例 草の戸も住み替《か》はる代《よ》ぞ雛《ひな》の家　切れ字　春の季語

②表現技法

★ 対句《ついく》 表現が多い。→リズム感を味わう。

例 月日は百代《はくたい》の過客《くわかく》にして（訳 月日は永遠に旅を続ける旅人のようなもので）
行きかふ年もまた旅人なり（訳 過ぎ去りまたやってくる年もまた旅人である）

例 そぞろ神の物につきて心をくるはせ（訳 そぞろ神が乗り移ってただもうそわそわさせられ）
道祖神《だうそじん》の招きにあひて、取るもの手につかず（訳 道祖神が招いているようで、何事も手につかず）

> 江戸時代の三大俳人といえば、江戸前期に活躍《かつやく》した私・松尾芭蕉、江戸中期の与謝蕪村《よさぶそん》、江戸後期の小林一茶《こばやしいっさ》だよ。

> **詳しく!**
> 【俳句の特徴《とくちょう》】
> ・五・七・五の十七音から成る。
> ・切れ字…「や・ぞ・かな・けり」など。
> →意味や調子の切れ目を表す。
> ・季語…季節を表す言葉。原則として一つの俳句に一つ詠《よ》み込む。

> 【季語の例】
> 春（今の二～四月）残雪・雛・蛙《かわず》・水温《ぬる》む
> 夏（今の五～七月）五月雨《さみだれ》・時鳥《ほととぎす》・卯《う》の花
> 秋（今の八～十月）天の川・七夕・朝顔
> 冬（今の十一～一月）枯野《かれの》・時雨《しぐれ》・師走《しわす》

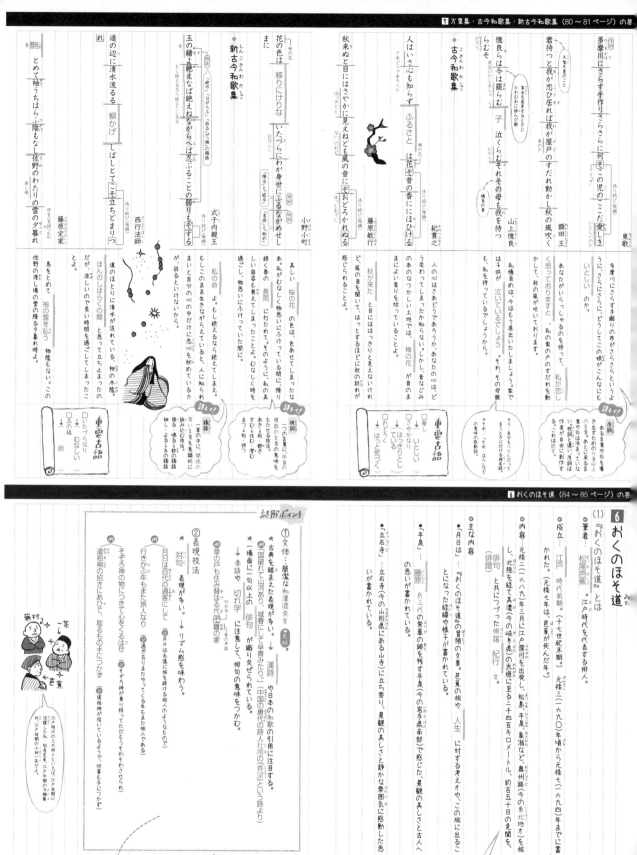

(2) 現代語訳と語句・文法

◆月日は

月日は百代《はくたい》の過客《くわかく》にして、行きかふ年もまた旅人なり。（対句表現）

（行きかう）　行きこう

舟《ふね》の上に生涯《しやうがい》を浮かべ、馬の口とらへて老いを迎ふる者は、（対句表現）

を　など

日々旅にして旅をすみかとす。古人も多く旅に死せるあり。

が　自分の　人が

予もいづれの年よりか、片雲《へんうん》の風にさそはれて、

漂泊《へうはく》の思ひやまず、海浜《かいひん》にさすらへて、去年《こぞ》の秋、

近年はあちこちの　さすらえて

江上《かうしやう》の破屋《はをく》に蜘蛛《くも》の古巣をはらひて、やや年も暮れ、

帰り　はらいて

春立てる霞《かすみ》の空に白河《しらかは》の関越《こ》えんと、（掛詞）

を

そぞろ神の物につきて心をくるはせ、

道祖神《だうそじん》の招きにあひて、取るもの手につかず、

あいて

股引《ももひき》の破れをつづり、笠《かさ》の緒付けかへて、（対句表現）

三里に灸《きう》すゆるより、松島《まつしま》の月まづ心にかかりて、

を　が　まず

住めるかたは人に譲《ゆづ》り、杉風《さんぷう》が別墅《べつしよ》に移るに、

草の戸も住み替《か》はる代《よ》ぞ雛《ひな》の家

面《おもて》八句を庵《あん》の柱に懸《か》け置く。

月日は永遠に旅を続ける 旅人 のようなもので、過ぎ去りまたやってくる年もまた旅人である。一生を舟の上で暮らす船頭や、馬のくつわを取って老いを迎える馬子《まご》などは、毎日が旅であって旅そのものを自分のすみかにしている。昔の人の中にも旅の途中《とちゅう》で死んだ人が多い。 私 もいつの頃《ころ》からか、ちぎれ雲が風に誘《さそ》われるようにして、あてのない旅に出たいという思いが なくならず 、（近年はあちこちの）海岸をさすらい歩き、去年の秋、川のほとりのあばらやに（帰り）、蜘蛛の古巣を払《はら》って、 しだいに年も暮れ 、新春ともなると霞の立ち込《こ》める空の下で白河の関を 越えよう と、そぞろ神が 乗り移って ただもうそわそわさせられ、道祖神が招いているようで、何事も手につかず、股引の破れを繕《つくろ》って、笠のひもを付け替《か》えて、三里に灸を据《す》えるともう、松島の月が 真っ先に 気になって 、今まで住んでいた庵は人に譲り、杉風の別荘《べっそう》に 移ったのだが 、

元の草庵にも新しい住人が越してきて、私の住んでいた頃のわびしさとはうって変わり、華《はな》やかに雛人形などを飾《かざ》っている。

と詠《よ》み、面八句を（門出《かどで》の記念に）庵の柱にかけておいた。

重要古語
- □百代 →（永遠）
- □過客 →（旅人）
- □古人 →（昔の人）
- □予 →（私）
- □やや →（しだいに）

ミス注意！
「古人」は、「古い人」という意味ではないので、注意。「昔の人」という意味で、ここでは李白《りはく》や杜甫《とほ》（中国の唐代《とうだい》の詩人）、西行法師《さいぎょうほうし》などを指す。人生の大半を旅に費《つい》やして詩作に励《はげ》んだ先人たちのこと。

＊三里…
胃腸や足を
強くする
ツボ。

＊春立てる霞の空…「立てる」は掛詞《かけことば》。「春が立つ（＝立春）」と、「霞が立ち込める」の両方の意味を表している。

＊面八句…俳諧《はいかい》で、百句の連句を二つ折りにした紙四枚に書くとき、一枚目の紙の表に記す八句のこと。

7 漢文・漢詩・論語《ろんご》

(1) 漢文とは

◎訓読文《くんどくぶん》…漢文を日本語の文章のように読むことを 訓読 という。

訓読文は、漢文に 訓点《くんてん》 （句読点・送り仮名《がな》・返り点）を補った文のこと。

●送り仮名…原文にはない日本語の助詞・助動詞・用言の活用語尾《ごび》などを、漢字の右下に片仮名で、 歴史的仮名遣《づか》い で入れる。

例 春 来、鳥 啼《なき》、桜《あう》 花《くわ》 開。

●返り点…漢文の語順を日本語の語順に改めるために、漢字の左下に付けた符号《ふごう》。

① レ点 …下の一字を先に読み、上に返ることを示す点。例 読レ書。（書を読む。）

② 一・二点 …下の二字以上を先に読み、上に返ることを示す点。

例 在二山 河一。（山河在り。）

③ 上・下点 …間に一・二点を挟《はさ》み、さらに上に返ることを示す点。

例 有下朋《とも》 自二遠 方一 来上。（朋遠方より来たる有り。）

レ点！
ピョン

◎書き下し文…漢文を、送り仮名・返り点に従って、日本語の語順で 漢字仮名交じり 文に書き直したもの。

例 春《しゅん》 眠《みん》 不レ 覚レ 暁《あかつき》 → 書き下し文 春眠暁を覚えず

（送り仮名や助詞・助動詞は平仮名で書く。）

(2) 漢詩とは

◎漢詩の形式…中国《ちゅうごく》の昔の詩。絶句《ぜっく》と律詩《りっし》がある。

● 絶句 …四つの句（行）から成る詩。

一句が五字の 五言《ごごん》 絶句と、一句が七字の 七言《しちごん》 絶句がある。

● 律詩 …八つの句（行）から成る詩。

一句が五字の 五言 律詩と、一句が七字の 七言 律詩がある。

読解ポイント

● 漢詩の技法

★対句《ついく》…用語・組み立てが共に類似《るいじ》した二つの句を並べて、意味を強めてイメージを豊かにする技法。 律詩 は、三句目と四句目、五句目と六句目を対句にするきまりがある。

例 江 碧 鳥 逾 白（江は碧にして鳥は逾よ白く）
山 青 花 欲 然（山は青くして花は然えんと欲す）
（江⇔山〔風物〕、碧⇔青〔色彩〕、鳥⇔花〔風物〕、白⇔然〔色彩〕）

★押韻《おういん》…句末を同じ響《ひび》きの音（「韻」という）で合わせるきまり。詩のリズムを整える働きがある。同音の字を句末に用いることを押韻（韻を踏《ふ》む）という。

例 「新」（shin）と「人」（jin）…「in」という韻をもつ。

(3) 『論語』とは

◎成立…中国の春秋時代《しゅんじゅうじだい》末期。（紀元前四百年前後。）孔子《こうし》が直接書いたものではなく、孔子の死後、弟子《でし》たちが孔子の言動や、弟子たちとの 問答 を記録したもの。

（約三千人育成し、孔子の教えを究《きわ》めた弟子は七十二人いたといわれる。）

◎内容…約五百の章が、二十編に分けられている。孔子の思想である「仁《じん》（深い思いやり）」と、「礼《れい》（社会的な作法やきまり）」など、人としての生き方が説かれている。

◎人物… 孔子 。中国の魯《ろ》の国生まれの思想家。 儒家《じゅか》 の始祖で、「聖人」と仰《あお》がれた。五十歳頃《さいごろ》に魯の政治家になるが失脚《しっきゃく》し、その後、弟子たちと共に諸国を旅して理想の政治を説いた。

（思想が受け入れられることはなかった。）

詳しく！
漢字のみが並んでいる、元のままの漢文を「白文《はくぶん》」という。
・白文　学 而 時 習 之
・訓読文　学 而 時 習レ 之。
・書き下し文　学びて時に之を習ふ。

詳しく！ 絶句の構成
・起句（第一句）詩の内容を歌い起こす。
・承句（第二句）起句を受けて展開する。
・転句（第三句）内容を転じる。
・結句（第四句）全体をまとめて結ぶ。

詳しく！ 律詩の構成
・首（起）聯《れん》（第一・二句）＝絶句の「起」の役割。
・頷《がん》（前）聯（第三・四句）＝絶句の「承」の役割。
・頸《けい》（後）聯（第五・六句）＝絶句の「転」の役割。
・尾（結）聯（第七・八句）＝絶句の「結」の役割。

私の教えは、現代にも「儒教」として残っているよ。「温故知新」や「敬遠」なども、この『論語』から生まれた言葉なんだ。

(4) 現代語訳と語句・文法

◆矛盾《むじゅん》

楚人《そひと》に盾《たて》と矛《ほこ》とを鬻《ひさ》ぐ者〔が〕あり。これを〔その人が〕ほめていはく、「わが盾の堅《かた》きこと、〔これを〕よく陥《とほ》すものなきなり。」と。また、その矛をほめていはく、「わが矛の利なること、物において陥さざるなきなり。」と。ある人〔が〕いはく、「子《し》の矛をもつて、子の盾を陥さばいかん。」と。その人〔は〕応《こた》ふること〔が〕あたはざるなり。
（韓非子《かんぴし》）

（楚の国の人で／売る／いた／言うことには／堅い／突き通せる／ない／のである／鋭い／どんなものでも／突き通せ／ない／ない／のである／あなた／で／突き通したら／どうなるか／答える／できなかった／のである）

（子…二人称として用いられる。）

楚の国の人で、盾と矛を売る者がいた。その人が盾を〔褒《ほ》めて言うことには〕、「我《わ》が盾の堅いこと、これを突《つ》き通せるものはないのである。」と。また、その矛を褒《ほ》めて言うことには、「我が矛の鋭《するど》いこと、どんなものでも突き通せないものはないのである。」と。ある人が言うことには、「あなたの矛で、〔あなたの盾〕を突き通したら、どうなるか。」と。その人は答えることができなかったのである。

重要古語
- いはく → （言うことには）
- 子 → （あなた）

この出来事から、「言動などのつじつまが合わないこと。」を「矛盾」というようになったんだ……。

◆春暁《シュンギョウ・しゅんぎょう》

春《しゅん》眠《みん》不《ず》レ覚《おぼえ》レ暁《あかつきヲ》
処処《しょしょ》聞《きク》二啼《てい》鳥《ちょうヲ》一（押韻）
夜来風雨《の》声
花落《つるコト》知《る》多少（押韻）

孟浩然《もうこうねん》

春眠《しゅんみん》暁《あかつき》を〔覚《おぼ》えず〕（書き下し文を入れる）
春の眠《ねむ》りは、うとうとと気持ちよく、夜が明けたのも気がつかなかった。

処処《しょしょ》啼鳥《ていちょう》を聞《き》く
あちこちで鳥のさえずる声が聞こえる。

夜来《やらい》〔風雨《ふうう》の声《こえ》〕
昨夜は、風や雨の音がしていたが、

〔花落《はなお》つること知《し》る〕多少《たしょう》
咲き誇《ほこ》っていた花は、どれほど散ってしまったことだろう。（たくさん散ったことだろう。）

◆学びて時に之《これ》を習ふ

子《し》曰《いハク》、「学《まなビテ》而《テ》時《ときニ》習《ならフ》レ之《これヲ》、不《ず》二亦《また》説《よろこバシカラ》一乎《や》。
有《り》朋《とも》自《より》二遠方《えんぽう》一来《きタル》、不《ず》二亦《また》楽《たのシカラ》一乎。
人《ひと》不《しテ》レ知《ら》而《しか》不《ず》レ慍《うらミ》、不《ず》二亦《また》君子《くんしナラ》一乎《や》。」
（論語《ろんご》）

（而…接続の働きをする字。「置き字」とよばれ、訓読するときには読まない。）
（朋…同じ先生のもとで学ぶ友のこと。ここでは志を同じくする友の意味も含んでいる。）
（君子…徳を積んだ人格者。）

子曰《しいわ》はく、「学《まな》びて時《とき》に之《これ》を習《なら》ふ、亦説《またよろこ》ばしからずや。
先生がおっしゃるには、「教わったことを繰《く》り返し復習する、なんとうれしいことではないか。

朋遠方《ともえんぽう》より来《き》たる有《あ》り、〔亦楽《またたの》しからずや〕。
友人が遠くから訪ねてきて（学問の話をすることは）、なんと楽しいことではないか。

〔人知《ひとし》らずして慍《うら》みず〕、亦君子《またくんし》ならずや。」と。
世間の人々が自分を理解してくれなくても不満をもたない、それでこそ君子ではないか。」と。

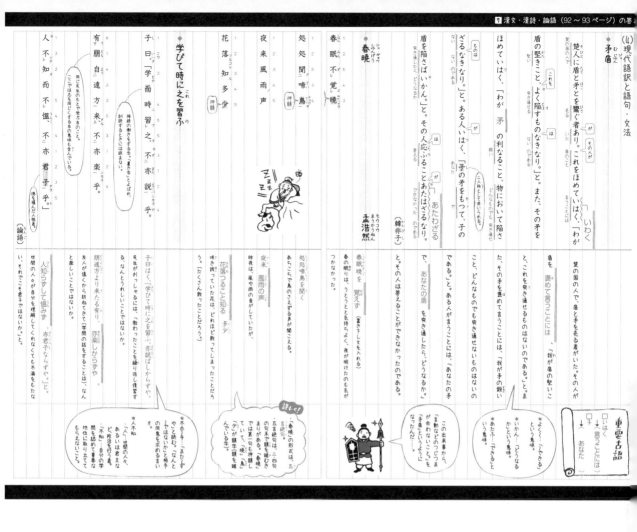

文法編　第1章　文法の基礎《きそ》

確認テスト①

16〜17ページ

1 (1)① 三 ② 二 (2) イ

2 【文節】私の／母は／毎朝／五時に／起きます。

【単語】私｜の｜母｜は｜毎朝｜五時｜に｜起き｜ます。

3 (1) 修飾・被修飾 (2) 接続 (3) 主・述 (4) 独立

4 (1) はらはらと (2) ああ (3) 生徒が (4) 特急です

5 (1) B (2) A

6 ① 主部 ② 述部

7 (1) 補助 (2) 並立

8 山道を下ると、細い渓流があります。

9 (1) カ (2) キ (3) ア (4) コ

解説

3 (1)「公園で」は、どこで「遊ぶ」のかを詳《くわ》しくしている。(3)文末の「できる」が述語。誰《だれ》が「できる」のかと考えると「君」だから、「君だって」が主語。「〜だって」も主語を表す形である。

4 (3)文末の「いる」が述語。「いる」のは「生徒」なので、主語は「生徒が」である。「三人」は、何人「いる」のかを詳しくしている修飾語《しゅうしょくご》。

(4)「何は—何だ」という形の主・述の関係で、「特急です」が述語である。

5 (1)の——線部は動詞「追いかける」に、(2)の——線部は、名詞「魚」を含《ふく》む文節「魚が」に係っている。

6 ①は修飾・被修飾の関係の連文節、②は補助の関係の連文節である。

9 (3)名詞は、「が」や「は」などを伴《ともな》って主語になる。(4)付属語のうち、活用するのは助動詞、活用しないのは助詞。

文法編　第2章　活用する自立語

確認テスト②

26〜27ページ

1 (1)① 限る ② 来る ③ 出る

(2)① ア ② ウ ③ オ ④ ア ⑤ イ ⑥ エ

(3)① 未然形 ② 仮定形 ③ 連用形 ④ 連用形 ⑤ 連体形

(4)① 解ける ② 取れる

(5)① ア ② イ

2 (1)① 白い ② よろしい

(2)① エ ② イ (3) ウ

3 (1)① イ ② オ ③ エ

(2) ア

解説

1 (1)②の「来れば」は、動詞「来る」の仮定形「来れ」+「ば」、③の「出たい」は動詞「出る」の連用形「出」+「たい」。(2)③「研究する」は「研究」+「する」の複合動詞でサ変。(3)①五段活用動詞の未然形には、「〜ナイ」と「〜ウ」に続く二種類の活用語尾《ごび》がある。④五段活用動詞「飛ぶ」の連用形は、「〜テ（デ）」に続くときに「飛ん」という音便形《おんびんけい》になる。(5)①アの「おく」は「合わせて」と、②イの「みると」は「読んで」と補助の関係の連文節になっている。

2 (1)②「ください」は、「くださる」の命令形で、形容詞ではない。(2)①形容詞は終止形と連体形が同じ形だが、ここは「風が」という名詞を含《ふく》む文節に係っているので連体形。

3 (1)①形容動詞の連用形の活用語尾には「だっ・で・に」の三つがある。(2)アだけが「とても平和だ」としても文の意味が通じるので、これが形容動詞。

文法編 第3章 活用しない自立語

確認テスト③

34〜35ページ

1 (1) ① 手紙 ② 二人 ③ こと
(2) ① ウ ② ア ③ エ ④ オ ⑤ イ
(3) ① 君・私 ② どちら・こっち

2 (1) ① いきなり ② とても ③ しとしとと
(2) ① ウ ② エ ③ ア ④ イ

3 (1) ア・ウ（順不同）
(2) ① ㋓・ア ② ㋑・イ ③ ㋒・オ
(3) ① 来る ② さあ ③『竹取物語』（竹取物語） ④ あるいは

解説 **1** (2)③数量などを示す名詞は数詞。④具体的な「物」を表しているわけではない。直前に連体修飾語《しゅうしょくご》（「聞く」の連体形）がある。⑤代名詞のうちの指示代名詞。(3)「母」は普通《ふつう》名詞。人称《にんしょう》代名詞ではない。

2 (1)①は状態の副詞、②は程度の副詞、③は擬態語《ぎたいご》で状態の副詞。(2)①は「〜ない」、②は「〜ください」、③は「〜ても」、④は「〜ように」と呼応する副詞を選ぶ。

3 (1)**イ**は形容詞、**エ**は形容動詞（「いろいろだ」の連体形）。**エ**は「いろんな」であれば連体詞。(2)①前の「満腹になった」ことが、あとの「眠《ねむ》くなってきた」ことの理由なので、順接。②前から予想されることに反する内容があとに続いているので、逆接。③前の「会員は八百円です」という内容について、あとで詳《くわ》しく説明している。(3)②「さあ」は呼びかけの感動詞。

文法編 第4章 付属語

確認テスト④

46〜47ページ

1 (1) 月が|雲に|隠れると、辺りは暗くなってしまった。
(2) もうみかんは|一つしか|残っていないよ。
(3) ア (4) ア
(5) ① エ ② イ ③ オ ④ ア

2 (1) ① ない・た ② たがる・ようです（①・②とも順不同）
(2) ① イ ② エ ③ オ ④ カ ⑤ ウ
(3) ① 受け身 ② 伝聞 ③ 推定 ④ 完了
(4) ① ア ② イ ③ エ ④ ア ⑤ イ

解説 **1** (3)問題文の「の」は「君が言うことは〜」と言い換《か》えられ、部分の主語を作る。**イ**は連体修飾語《しゅうしょくご》を作る。**ウ・エ**は体言の代用。(4)**イ**は、引用を示す格助詞「と」。(5)②「大人でも」は、「まして子供ではなおさらできない」という内容を、言外に類推させる。

2 (1)②「たがる」は、自分以外の人の希望を表す。(3)②「そうだ」は終止形「来る」に接続しているので、伝聞。③「どうやら明けてきたようだ」といえるので、推定。④「今〜たところだ」という意味のときは、完了《かんりょう》。(4)①**イ**は形容動詞の連用形活用語尾《ごび》、**ウ**は助動詞「だ」の連用形、**エ**は格助詞「で」。②**ア**は助動詞「そうだ」（推定・様態）の連用形活用語尾、**ウ**は副詞の一部、**エ**は格助詞。③**ア**は助動詞「た」の濁《だく》音化《おんか》、**イ**は助動詞「ようだ」の一部、**ウ**は形容動詞「複雑だ」の終止形活用語尾。④**イ・エ**は形容詞を作る接尾語。**ウ**は形容詞「かわいらしい」の一部。⑤**イ**が「住んでいぬ家」としても意味が通るので、助動詞。**ア**は形容詞、**ウ**は形容詞「危ない」の一部、**エ**は補助形容詞。

確認テスト⑤

52〜53ページ

1 (1) ① ウ　② イ　③ ア

(2) ① (あ)説明される　(い)ご説明になる

② (あ)帰られた　(い)お帰りになった

(3) ① お伝えしよう　② ご連絡します　③ お知らせする

(4) ① 三階です（三階でございます）　② 行っていますよ

③ 何でしょう

(5) ① いらっしゃる　② 参る　③ 申す　④ 伺う（拝聴する）

⑤ いただく　⑥ する　⑦ ご覧になる　⑧ くださる

(6) ① 例お客様、すみませんが少々お待ちください。

② 例私の父が先生のお話を伺う（お聞きする・承る）そうです。

(7) ① ウ　② イ　③ イ

解説 **1** (2)(あ)は、①がサ変、②が五段動詞なので、どちらも「れる」を使う。(5)①「いらっしゃる」は「行く・来る・いる」の尊敬語。④「伺《うかが》う」は「行く・来る・聞く」の謙譲語《けんじょうご》。⑤「いただく」は「食べる・飲む・もらう」の謙譲語。(6)①「待つ」のは「お客様」の動作だから、尊敬の表現にする。②身内のことを他人に話すときは、「お」や「〜さん」という尊敬の接頭語・接尾語《せつびご》を付けない。また、先生に敬意を表すために、先生の「話」を「お話」に、父の動作の「聞く」を謙譲語にする。(7)①**ウ**の「いたしますか」は「なさいますか」にするのが正しい。②**イ**の「拝見した」は謙譲語なので、「私」の作品を先生が「見た」という動作に使うのは不適切。「ご覧になった」が正しい。③**イ**の「くださった」は尊敬語なので、「くれた」が正しい。

古典編　第1章　竹取物語

確認テスト①

58〜59ページ

1 (1) a いう　b よろず　c いたり　(2) が
(3) さぬきのみやつこ　(4) ②
(5) ④ 例 不思議に思って　⑥ 例 とてもかわいらしい様子で
(6) 竹取の翁（さぬきのみやつこ）

2 (1) a ならん　b とう　c いわく
(2) イ　(3) 天人のよそほひしたる女
(4) ウ　(5) ④ ウ　⑤ イ

解説 **1** (1) a語頭以外の「ふ」は「う」、b「づ」は「ず」、c「ゐ」は「い」と読む。　(2)主語を表す「が」が省略されていることをおさえる。
(4)現代語の「いる」は人が存在する場合に用いられる言葉。——線部②の主語は「竹取《たけとり》の翁《おきな》といふもの」、③の主語は「もと光る竹」であることから、②が現代語の「いる」という意味で使われていることがわかる。
(5)④「あやし」、⑥「うつくし」は、どちらも現代語の意味とは少し異なるので、注意。
2 (1) a「む」は「ん」、b語頭以外の「ふ」は「う」、c「は」は「わ」と読む。　(2)「か」は、疑問を表す係りの助詞であることから考える。
(4)くらもちの皇子《みこ》は、蓬莱《ほうらい》の玉の枝を手に入れるために、蓬莱の山を探していたので、女からここが蓬莱の山だと聞いてうれしかったのである。
(5)④話をしているくらもちの皇子が、山を見たということ。⑤「のたまひし」は「おっしゃった」という意味。くらもちの皇子が敬語を使っていることから、かぐや姫《ひめ》が主語であることがわかる。

古典編　第1章　枕草子

確認テスト②

64〜65ページ

1 (1) a ようよう　b なお　c さえ　(2) ① ア　③ イ
(3) をかし　(4) ⑤ 蛍　⑦ 烏　(5) あはれなり
(6) イ

2 (1) a はいくる　b とらえて　c おおえる
(2) ① イ　② ア　③ イ　(3) イ

解説 **1** (1) a「やう」は「よう」と読む。b語頭以外の「ほ」は「お」、c「へ」は「え」と読む。　(2)①「山の、空に接している部分」という意味の「山の端《は》」と区別して覚える。　(3)この段は、四季ごとに筆者が「をかし（風情《ふぜい》がある）」と感じる時間帯や情景について述べたものであることから判断する。　(4)⑤直前の文に「蛍《ほたる》の（が）」とあり、「また、……」と続いていることから、——線部⑤の主語も「蛍」。⑦——線部⑦の少し前に、「烏《からす》の（が）」とあることに注目。　(5)本文7〜8行目に「あはれなり」とある。
2 (1) a「ひ」は「い」、b「へ」は「え」、c「ほ」「へ」は「お」「え」と読む。　(2)①「うつくし」は、古語では主に「かわいい・愛らしい」の意味で使われる。現代語とは意味が少し異なることに注意。　(3)筆者がここで挙げている四つのものに共通する要素を考える。

2の訳◆かわいらしいもの。瓜《うり》に描《か》いてある幼児の顔。雀《すずめ》の子が、（人が）ねずみの鳴きまねをすると踊《おど》るようにしてやってくる（のもかわいい）。二歳《さい》か三歳くらいになる幼児が、急いで這《は》ってくる途中《とちゅう》に、とても小さいごみがあったのを、目ざとく見つけて、とてもかわいらしげな指につまんで、大人ごとに見せているのは、とてもかわいらしい。頭はおかっぱにしている幼児が、目に髪《かみ》がかぶさっているのをかき上げもせずに、（首を）少しかしげて物などを見ているのも、かわいらしい。

古典編　第1章　平家物語

確認テスト③

70〜71ページ

1 (1) a あわれ　b かけまいらせん　(2) ① 例 つらく思うのに

④ 例 決してお逃げになれないでしょう。　(3) イ　(4) イ

2 (1) a つがい　b うちくわせ　(2) ① エ　② イ

(3) ひやうど・ひいふつ（と）・さつと・ひやうふつ（と）（順不同）

(4) 沖には平家〜よめきけり・平家の方に〜よめきけり（順不同）

解説

1 (3)「きつと」は擬態語《ぎたいご》で、熊谷直実《くまがえのなおざね》がすばやく後ろを振《ふ》り返って見たときの様子を表している。　(4) 冒頭《ぼうとう》で熊谷直実が思ったことに注目。

2 (2) ①は直前の「扇《あふぎ》は空へぞ上がりける」を受けていることをおさえる。②は、これよりあとに主語があることに注意。　(3)「さつと」は擬態語、その他は矢が飛ぶ音を表した擬声語。

2の訳◆与一《よいち》は、かぶら矢を取ってつがえ、十分に引き絞《しぼ》ってからひょうと放った。（与一は）小柄《こがら》な兵士であるとはいえ、矢は十二束三伏《そくみつぶせ》で、弓は強い、（かぶら矢は）浦《うら》一帯に鳴り響《ひび》くほど長いうなりを立てて、誤ることなく扇の要《かなめ》から一寸ほど離《はな》れたところを、ひいふっと射切った。かぶら矢は海に落ち、一方、扇は空へと舞《ま》い上がった。（扇は）しばらくの間空に舞っていたが、春風に一《ひと》もみ二《ふた》もみもまれて、海へさっと散っていった。夕日が輝《かがや》いているところに、日の丸が描《か》かれた真っ赤な扇が、白い波の上に漂《ただよ》い、浮《う》いたり沈《しず》んだりして揺《ゆ》れているのを、沖では平家《へいけ》が、舟《ふな》べりをたたいて感嘆《かんたん》し、陸では源氏《げんじ》が、えびら（矢を差し入れて背負う武具）をたたいてはやし立てた。

あまりのおもしろさに、感に堪《た》えなかったのであろう、舟《ふね》の中から、年のころ五十歳《さい》ほどで、黒革《くろかわ》おどしの鎧《よろい》を着て、白い柄《え》の長刀《なぎなた》を持った男が、扇の立ててあった所に立って舞《まい》を舞った。伊勢三郎義盛《いせのさぶろうよしもり》が、与一の後ろへ（馬を）歩ませて寄り、「御命令《ごめいれい》であるぞ、射よ。」と言ったので、（与一は）今度は中差《なかざし》を取ってつがえ、引き絞って、（男の）首の骨をひょうふっと射て、舟底へ真っ逆さまに射倒《いたお》した。平家方はしんと静まり返り、源氏方は今度もえびらをたたいてはやし立てた。

古典編　第1章　徒然草

確認テスト④

76〜77ページ

1 (1) a おもいたちて　b かたえ　c まいりたる

(2) ① 例 徒歩でお参りした　③ 例 何事があったのだろうか

④ 例 知りたかったけれど　(3) 例 石清水を参拝すること。

(4) オ　(5) 神へまゐるこそ本意なれと思ひて　(6) イ

2 (1) a ならう（なろう）　b なおざり　(2) ウ　(3) イ

(4) 初め…わづかに二・終わり…たるべし。

解説

1 (3) 冒頭《ぼうとう》にあるように「年寄るまで石清水《いはしみづ》を拝まざりければ」、それを「心うく覚えて」、思い立って出かけたのである。　(4) □ のあとに「けれ」（「けり」の已然形《いぜんけい》）があることに注目。已然形で結ぶ係りの助詞は「こそ」のみ。　(5) 法師の言葉の中の「山までは見ず」の直前に、「……と思ひて」と説明されていることに注目。　(6)「先達《せんだち》」が「その道の案内者」という意味であることをおさえて考える。

2 (2) ――線部①の直後の文「後《のち》の矢を……なほざりの心あり。」が理由にあたる文である。　(4) 後半の三つの文で筆者の考えを述べている。

2の訳◆ある人が弓を射ることを習うのに、二本の矢を手に挟《はさ》んで（持って）、的に向かう。（すると、）先生が言うことには、「初歩の人は、二本の矢を持ってはいけない。（そのわけは）後の矢をあてにして、初めの矢（を射るとき）におろそかにする心が起こる（からだ）。毎回、ただ当たり外れを考えることなく、この一本の矢で決めようと思いなさい。」と言う。

たった二本の矢を、先生の前で（射るというのに、その）一本をいい加減にしようと思うだろうか。（いや、誰《だれ》も思いはしない。）（しかし）怠慢《たいまん》の心（があることは）、自分では知らないといっても、先生はこれを見抜《みぬ》いている。この戒《いまし》めは、（弓の場合だけではなく）全ての事柄《ことがら》に広く通じるに違《ちが》いない。

確認テスト⑤

82〜83ページ

1 (1)①ア ③ウ (2)体言止め（名詞止め） (3)④例私が恋しく思っておりますと ⑤例今はもう退出いたしましょう (4)妻 (5)イ (6)幸くあれ

2 (1)例梅の花が昔のままによい香りを放っていることよ
(2)イ (3)ウ (4)イ (5)三 (6)F

解説 **1** (1)①枕詞《まくらことば》は、ある特定の語を導き出す、通常五音の決まった言葉だが、③序詞《じょことば》は、六音以上の言葉で、作者が自由に創作するもの。
(5)東の空には夜明けの光、西の空には沈《しず》む月が見える情景であることから考える。 (6)「て」は「と」の東国《とうごく》の方言。「と」は会話や心の中で思ったことを引用していることを表す助詞である。

訳◆Eの和歌…東の野には夜明けの光が差しているのが見え、振《ふ》り返って見ると、西の空には月が傾《かたむ》いている。

Fの和歌…旅立つときに父母が私の頭をなでて、「無事でいなさい。」と言った言葉がいまだに忘れられないことだ。

2 (2)「風の音にぞおどろかれぬる」から考える。 (5)三句目の「柳《やなぎ》かげ」という体言（名詞）で、いったん内容が切れているので、三句切れである。

訳◆Cの和歌…あの人のことを思いながら寝《ね》たから夢に現れたのだろうか。夢だと知っていたら、目を覚まさなかったであろうものを。

Fの和歌…見渡《みわた》してみると、春の桜の花も、秋の紅葉《もみじ》もないことだなあ。この海辺の苫《とま》ぶきの粗末《そまつ》な小屋のあたりの秋の夕暮れよ。

確認テスト⑥

88〜89ページ

1 (1)a さそわれて b まず (2)イ (3)ウ (4)イ (5)予 (6)Ⅰ 雛（ひな） Ⅱ 春 Ⅲ ぞ (7)ウ

2 (1)イ (2)北上川 (3)の (4)イ (5)Ⅰ 卯の花（うのはな） Ⅱ 夏

解説 **1** (3)具体的には、李白《りはく》や杜甫《とほ》、西行法師《さいぎょうほうし》などを指している。 (7)「漂《ひょう》泊《はく》の思ひやまず」「そぞろ神の……松島《まつしま》の月まづ心にかかりて」などの部分から、旅に出たくてたまらない気持ちをとらえる。

2 (1)「一睡《いっすい》」は「ひと眠《ねむ》り」のこと。ほんの短い時間を意味する。 (2)②の前にある「北上川《きたかみがわ》」のあとに、助詞「は」を補うとわかりやすい。

2の訳◆三代の栄華《えいが》は短い時間の中ではかなく消え果てて、大門《だいもん》の跡《あと》は一里ほども手前にある。秀衡《ひでひら》の屋敷《やしき》の跡は田野になって、金鶏山《きんけいざん》のみが形を残している。まず高館《たかだち》（源《みなもとの》義経《よしつね》の館の跡）に登って（眼下を眺《なが》めると）、北上川（が見えるが、この川）は南部地方から流れる大河である。衣川《ころもがわ》は、和泉《いずみ》が城《じょう》を回って流れて、高館の下で北上川に合流している。泰衡《やすひら》らの旧跡《きゅうせき》は、衣《ころも》が関《せき》を隔《へだ》てて南部地方との出入り口を押さえ、夷《えぞ》の侵入《しんにゅう》を防ぐように見える。それにしても（義経が）忠臣を選んでこの（高館の）城にこもって戦い、功名を立てたがそれも一時で、跡はただ草むらとなっている。「国は破れ滅《ほろ》びても山河は昔のままにあり、城は荒《あ》れ果てても春が来て草木は青々としている。」と笠《かさ》を敷《し》いて腰《こし》を下ろし、いつまでも涙《なみだ》を落としたことでございました。

辺りはただ、夏草が茂《しげ》っている。功名を夢見て武士たちが戦ったことも一時の夢と消えてしまった、その跡であることよ。（自然はいつも変わらないが、人の世は移り変わっていくものだなあ。）

真っ白に咲《さ》いている卯《う》の花を見ると、白髪《はくはつ》を振《ふ》り乱して奮戦している兼房《かねふさ》（源義経の家臣の一人）の悲壮《ひそう》な姿が浮《う》かんでくることだ。（曾良《そら》作の俳句）

確認テスト⑦

94〜95ページ

1 (1) 盾　(2) ② イ　③ エ

(3) 例 自分が言っていることのつじつまが合っていないから。

2 (1) 五言律詩　(2) イ　(3) 烽火連ナリ二三月ニ一　(4) レ点

3 (1) 孔子　(2) 温故知新　(3) 例 おっしゃるには　(4) 而

解説

1 (1) ——線部①のあとの楚人《そひと》の言葉に「わが盾《たて》の堅《かた》きこと」とある。

2 (1) 一行が五字なので「五言《ごごん》」、全体が八句（行）から成るので「律詩《りっし》」。

(2) 五言律詩では、二・四・六・八句の句末で韻《いん》を踏《ふ》むのが原則である。

2の訳◆国は破壊《はかい》されても、山や河は（以前のまま）存在しており、（戦争で破壊された長安《ちょうあん》の）町の中は春になり、草木が青々と茂《しげ》っている。（戦争の絶えない）時世に（悲しみを）感じては、花を見ても涙《なみだ》を流し、別れを恨《うら》んでは、鳥の鳴き声を聞いても心が乱される。

戦争ののろしは三か月の間上がり続け、家族からの手紙は大金に値《あたい》する（ほど貴重だ）。白髪《しらが》だらけの頭を掻《か》きむしると（抜《ぬ》けて）さらに薄《うす》くなり、もはやかんざしを挿《さ》すのも難しいほどだ。

3 (1) 「子《し》」は「あなた」という意味だが、『論語《ろんご》』では先生（孔子《こうし》）を指す。　(2) 漢文（白文《はくぶん》）の「温故而知新」から判断できる。

3の訳◆A…先生がおっしゃるには、「過去に学んだことや昔の学説などを研究することで新しいことを知ることができるようになれば、師となる資格があるのだ。」と。

B…先生がおっしゃるには、「人から学ぶばかりで自分で考えることをしなければ、物事の道理を理解することはできない。自分で考え込《こ》むだけで広く学ぶことをしなければ、（視野が狭《せま》くなり）危険である。」と。